ICH VERWANDLE MEIN LEBEN IN SINN

ICH VERWANDLE MEIN LEBEN IN SINN

Erkennen und Bewältigen von Lebenskrisen

Mit Beiträgen von
Hermann Lenz, Katerina Liveriou
und Gottfried Griesl

Herder
Wien · Freiburg · Basel

© Herder & Co., Wien 1985
Alle Rechte vorbehalten/Printed in Austria
Umschlaggestaltung: Herbert Schiefer
Satz und Druck: Ueberreuter, Wien
Bestellnummer: ISBN 3-210-24.815-X

Vorwort

Der große Psychiater und Philosoph Karl Jaspers hat in seiner „Psychologie der Weltanschauungen" (1919) den Begriff der *Grenzsituation* geprägt. Gemeint sind Erfahrungen an der Grenze unseres Daseins wie die Dramatik des Kampfes und des Zufalls, der Liebe und des Leidens, der Schuld und des Todes. Der Mensch fühlt sich wie in einem mächtigen Kraftfeld, geschüttelt in der Spannung zwischen entgegengesetzten Polen. Hier gipfelt das Leben auf, zeigt sein eigentliches Gesicht, kann unerträglich werden und – scheitern. Aber das Scheitern kann wie das Zerspringen einer Fruchtkapsel zur Weckung neuen Lebens führen – oder auch zum Selbstverlust. Es geht um eine Entscheidungssituation. In ihr birgt sich auf kleinem zeitlichen Raum das große Leben. Es lohnt sich, der Erfahrung nachzugehen. Jeder Mensch gerät früher oder später, gewaltsamer oder gelinder in diese kritische Situation. Was der Philosoph objektiv und abstrakt als Grenzsituation bezeichnet, kann der Psychologe subjektiv und konkret nur als Krisenerleben beschreiben: den schmerzlichen Abschied vom gewohnten Gefüge und den riskanten Aufbruch zu einem Mehr-Mensch-Sein – oder die Resignation.

Das Buch besteht aus drei Beiträgen.

Der Psychiater H. L e n z stellt zunächst dar, wie die Grenzsituationen sozusagen in Reinkultur auftreten in der Entfremdung des *Wahnes* (die Verrückten sind nicht so „verrückt" oder: ihre Bewußtseinsinhalte sind oft in etwa dieselben wie die der Normalen, nur in eine andere Perspektive gerückt) und in der künstlerischen Überhöhung der *Dichtung*. Man könnte auch sagen: lehrreiche Großaufnahmen von Grenzsituationen.

Mit der Grenzsituation im normalen *Alltag* befassen sich die folgenden zwei Beiträge. Die Psychoanalytikerin K. L i - v e r i o u will dem Interessierten zeigen, wie sich Grenzsituationen aus der *therapeutischen* Theorie und Praxis verstehen und wie dem leidenden Menschen geholfen werden kann.

Im letzten Beitrag aus der Feder des Pastoraltheologen G. G r i e s l kommt „die vertikale Dimension" zur Sprache, also die Auskunft der Theologie zur Grenzsituation und die Chancen einer *Seelsorge* in Zusammenarbeit mit der Humanwissenschaft.

Alle drei Autoren kommen, je von ihrer Seite her, in der Überzeugung überein, daß auch in der seelischen Gesundheit des Menschen vorbeugen besser ist als heilen. Am besten ist dem Menschen für sein Leben wohl geholfen, wenn das Kind in ein gesundes Urvertrauen hineinwachsen kann. Dann wird es später auch seine Grenzsituationen heil bestehen können.

Inhalt

3. Teil
DIE VERTIKALE DIMENSION
Gottfried Griesl

Grenzsituationen des Daseins in Dichtung und Wahn

Hermann Lenz

Einführung

An einer Grenze sich befinden, heißt seiner selbst gewahr sein und doch zugleich darüber hinaus zu sehen in eine bis dahin unbekannte Tiefe, Weite und Höhe. An der Grenze zu stehen, heißt aber auch der Versuch eines Überstieges, der Versuch herauszusteigen aus dem Diesseits in ein Jenseits, für das der Begriff des Raumes nicht mehr zutrifft. Dieses Heraussteigen aus dem eigenen Ich hat man auch als Ekstase bezeichnet. In dem Versuch eines Überstieges wird dem Menschen gleichzeitig erfahrbar, daß das jenseits der Grenze Seiende, das man auch als Transzendenz bezeichnet hat, ihm nur unvollkommen erfahrbar ist. Daher sind letzten Endes Situationen an der Grenze nur bruchstückhaft erlebbar, stellen – vom Ich her gesehen – eine unwandelbare, aber auch einzigartige Situation dar.[49]*) Die Tatsache, daß der Mensch Grenzsituationen tatsächlich erleben kann, beruhen auf der dem Menschen eigentümlichen Möglichkeit, sich selbst allem, auch sich selbst, seinem eigenen Dasein, gegenüberzustellen. Man kann diese Möglichkeit der Gegenüberstellung auch anhand des Wahngeschehens ersehen, wo eine registrierende Instanz feststellt, was mit dem eigenen Ich (Selbst) geschieht, z. B. daß es wieder-geboren worden ist.

---

*) Die hochgestellten Zahlen verweisen auf das Literaturverzeichnis am Ende dieses Beitrages, Seite 103 ff.

Das Erleben der Grenzsituation ermöglicht erst dem Ich, aus seinem Dasein in ein existentielles Bewußtsein zu treten, dem Ich zumindestens andeutungsweise eine Teilhabe an dem Sein zu vermitteln, wobei die Begriffe Dasein und Sein im Heideggerschen Sinn[41]) verwendet werden. In der Mitte eines irdischen Daseins sich befindend, dem Lärm und flüchtigen Bildern des Alltags verhaftet und nur darin sein Glück suchend, wird der menschliche Geist kaum Wirklichkeit werden können. Erst in einer Grenzsituation sich befindend, wird es möglich sein, über bzw. hinter das Dasein zu blicken. Erst dann kann man sich gegebenenfalls ahnend der Existenz menschlichen Seins nähern. Erst die Verankerung des eigenen Ich in einer Transzendenz, wie es das Sein im Gegensatz zu dem an den irdischen Leib und irdischen Geschehen gebundenen Dasein darstellt, wird uns als Geisteswesen teilhaftig werden lassen am ewigen Sein. Derartig erlebte Grenzsituationen können wir nicht mit einem Plan, einer Berechnung beantworten[49]), sondern nur mit dem „Werden" des in uns gelegenen möglichen existentiellen Bewußtseins – letzteres im Sinne von Sein gemeint. Nicht durch den Verstand wird uns existentielles Bewußtsein der Grenzsituation faßbar, es wird uns nur verstehbar und fühlbar in der Art einer mystischen Schau, ohne daß wir damit aber das existentielle Sein voll und endgültig erfassen können. Und doch ist eine Reifung unseres Ich im Sinne eines existentiellen Bewußtseins unseres Selbst erst im Erleben von Grenzsituationen möglich. Durch das Erleben von Grenzsituationen findet sich der Mensch immer wieder herausgefordert, sein geistiges Ich „wächst", „reift" – es kann allerdings auch daran zerbrechen.

Grenzsituationen treten im Laufe eines Lebens z. B. als Schicksalsschläge in Erscheinung, die bestehende Ordnungen und Rhythmen zerstören und den Betreffenden in ein Chaos führen können. Sie können uns vergleichsweise den Boden unter den Füßen wegziehen. Es kann uns aber auch – um ein anderes Beispiel zu nehmen – plötzlich die Fragwürdigkeit unseres bloß irdischen Daseins offensichtlich werden lassen, wie dies z. B. in besonders prekären, das irdische Leben bedrohenden Situationen der Fall ist. Dies kann ein Herzinfarkt ebenso sein wie ein sehr schwerer Unfall, aber auch die Erfahrung, als einzelner auf verlorenem Posten im Niemandsland zu stehen oder sich als Geisel in der Hand unbekannter Feinde zu befinden. Reifungserlebnisse auf geistigen Ebenen in der Pubertät oder auch tiefgreifende Persönlichkeitswandlungen im späteren Leben gehören ebenfalls hierher. In der Kulturgeschichte bzw. in allen Religionen hat es immer schon Initiationsriten gegeben, die jeweils symbolisch zur Darstellung bringen sollten, daß der Betreffende damit nun aus seinem bisherigen Dasein herausgetreten sei und auf eine neue „Stufe" gelangt ist, die eine Teilhabe am Sein – wenn auch als irdischer Mensch nur in einem winzigen Ausmaß – ermöglicht.

Es mag im übrigen interessant sein, daß alle diese oben genannten äußeren Situationen bzw. Erlebnisse, wenn sie in der Gruppe erlebt werden, dem Betreffenden jene Grenzsituationen im allgemeinen nicht darstellen können und daher auch nicht so leicht zu tiefgreifenden Persönlichkeitswandlungen führen. Es wird dies damit zusammenhängen, daß gemeinsam erlebtes Leid oder gemeinsam erlebtes Schicksal, in der Gruppe erlebt, den einzelnen nicht an die Grenze führt[77]). Wie mitgeteiltes Leid nur halbes Leid ist, oder anders ausgedrückt: sobald ein menschliches Du vorhanden ist, scheint die eingangs skizzierte Grenzsituation nicht mehr gegeben zu sein.

Erlebnisse in Grenzsituationen waren immer von besonderer Art und auf kulturellem Gebiet bzw. in geistiger und religiöser Hinsicht sehr weitreichend.

Der kreative Akt des Künstlers erfolgt wohl immer in einem Zustand innerer Besinnung, in einem Zurückgezogensein vom Alltag. Er erlebt in solchen Augenblicken etwas von einer Anteilnahme an einer unnennbaren „Wirkkraft", die oft vom Künstler einfach als von Gott stammend bezeichnet worden ist. Ich[71]) habe seinerzeit Äußerungen von Künstlern betreffend den Ursprung ihrer Schöpfungen zusammengestellt, darf aber auch auf Kankeleit[57]) hinweisen. Nur als ein Beispiel jener irrationalen – oder vielleicht besser gesagt suprarationalen – Wurzeln im Schöpfungsakt sei W. Schmied[103]) erwähnt, der mitteilt, was *Kubin* über das Entstehen seiner Werke sagt. Dort heißt es:

„Mit noch übervollem Herzen schweifte ich in der Stadt umher und betrat abends ein Variété, ich suchte eine gleichgültige und doch geräuschvolle Umgebung, um einen inneren Druck, der immer heftiger wurde, auszugleichen. Es ereignete sich dort etwas seelisch sehr Merkwürdiges und für mich Entscheidendes, das ich heute noch nicht ganz verstehe, obwohl ich darüber sehr viel nachgedacht habe. Wie nämlich das kleine Orchester zu spielen begann, erschien mir auf einmal die ganze Umgebung klarer, schärfer, wie in einem anderen Licht. In den Gesichtern der Umhersitzenden sah ich auf einmal eigentümlich Tiermenschliches, alle Geräusche waren sonderbar fremd, von ihrer Ursache gelöst. Es klang wie eine hohnvoll ächzende, dröhnende Gesamtsprache, die ich nicht verstehen konnte, die aber doch deutlich einen ganz gespensterhaften Sinn zu haben schien. Ich wurde traurig, obwohl mich ein sonderbares Wohlgefühl durchzuckte, und dachte wieder an die Klingerblätter, wobei ich überlegte, wie ich nun arbeiten würde. Und da überkam mich auf einmal ein ganzer Sturm von Visionen schwarzweißer Blätter, es ist gar nicht zu schildern, was für einen tausendfältigen Reichtum mir meine Einbildungskraft vorspiegelte. Ich verließ rasch das Theater, denn die Musik und die vielen Lichter störten mich jetzt, und ich irrte ziellos in den dunklen Straßen, dabei fortwährend überwältigt, förmlich genotzüchtigt von einer dunklen Kraft, die seltsame Tiere, Häuser, Landschaften, groteske und furchtbare Situationen vor meinen Geist hinzauberte. Ich fühlte mich in meiner verwunschenen Welt unbeschreiblich wohl, und als ich mich müde gelaufen hatte, betrat ich einen kleinen Teesalon. Auch hier war durchaus alles ungewöhnlich. Gleich beim Eintritt schien es mir, als wären die Kellnerinnen Wachspuppen von weiß Gott welchen Mechanismen angetrieben und als hätte ich die wenigen Gäste, die mir geradezu unwirklich wie Schatten vorkamen, bei satanischen Geschäften überrascht. Der ganze Hintergrund mit der Spielorgel und dem Buffet war verdächtig, es schien mir wie eine Attrappe, welche mir das eigentliche Geheimnis – vermutlich eine trüb erleuchtete, stallartige, blutige Höhle – verbergen sollte. Was ich von diesen Vorstellungen, die verblüffend leicht wechselten, während ich mich selbst ganz passiv verhielt, festhalten konnte, zeichnete ich mit wenig markierenden Strichen in mein Notizheft. Noch auf dem Heimweg dauerte dieser innere Aufruhr an, die Augustenstraße schien von selbst zusammen zu schrumpfen und ein Gebirge in ungeheuerem Ring um unsere Stadt zu wachsen. Zuhause sank ich wie ein Toter ins Bett und schlief fest und traumlos bis in den Abend des nächsten Tages."

Jean Gebser[34]) erwähnt *Picasso*, der von diesem auf ihn Wirkenden und seine Schöpfungen Zeugenden spricht: „Man hat eine Sonne mit 1000 Strahlen im Leib. Alles übrige zählt nicht."

Der Theologe, Philosoph und Paläontologe *Teilhard de Chardin*[21]) spricht von dieser nur den Menschen erkennbaren Grenzsituation, die sich ihm im Punkt Omega als zugleich personell-individuell, teilweise aktuell, teilweise aber auch transzendent darstellt. Omega ist für ihn ein universelles Zentrum, von dem dauernd „Strahlen" ausgehen, die jetzt schon von denen wahrgenommen werden, die wir mystische Menschen nennen. Er sieht, wie sich Psychisches, von der Materie lösend, mit dem Punkt Omega verbindet, wobei Omega die einzige irreversible Essenz von allem ist. Es ist für den Menschen ein äußerlich dem Tode gleichendes Phänomen, in Wirklichkeit aber ein Zugang zur höchsten Synthese. Schließlich spricht er in seiner Zusammenfassung über die Essenz des Phänomens Mensch im Rahmen der Bildung des Kollektivbewußtseins von Omega als dem „universalen Einigungszentrum", das präexistent und transzendent aufgefaßt werden muß und die einigende Wirkung der Liebe schlechthin darstellt. Hier wird von einem materiell und rational nicht zu fassenden Wesen gesprochen, das rein geistig angesehen wird, Ewigkeitscharakter hat und im Kollektivbewußtsein des Menschen erstmalig sichtbare Gestalt angenommen hat.

Grenzsituationen findet man bereits an der Quelle aller Hochreligionen und religiösen Erneuerungsbewegungen. Besonders deutlich wird dies z. B. in der Autobiographie verschiedener Mystiker, ich erwähne hier die der *Theresa von Avila*[114]). Sie erkrankte in jungen Jahren an heftigsten Gliederschmerzen, soll vier Tage scheintot und drei Jahre gelähmt gewesen sein. Sie war mit ihrem Vater in „einem Sinn" verbunden. Die Schönheit der Natur verhalf ihr zu innerer Sammlung. Sehr genau schildert sie in ihrer Autobiographie ihre „einbildlichen Visionen", die ihr auch viele Jahre nach diesen Erlebnissen noch völlig klar bei der Niederschrift in Erinnerung und für ihr Leben und Werk von ausschlaggebender Bedeutung waren. Sie unterscheidet diese einbildlichen Visionen sehr klar von Illusionen, von Halluzinationen und von Wunschvorstellungen, welche alle im nachhinein von den Betreffenden als Täuschung erkannt werden. Bei den Visionen handelte es sich dagegen um ein passives Erlebnis, das man am ehesten als ein „Als-ob-Erlebnis" bezeichnen könnte, das aber andererseits doch Evidenzcharakter hatte. Es ist wie „das Wissen von einer zweiten Person in einem stockfinsteren Keller". Es ist ein „Erfahren ohne Bild und Wort" und zugleich ein Auftragserlebnis. Der Verstand sei dabei nicht tätig; es wird von ihr als Gnadenerlebnis bezeichnet. Und doch war bei diesen wiederholten Erlebnissen ihre Kritik nicht ausgeschlossen, sie zweifelte z. B., ob das ganze nicht Teufelswerk sei. Sie schildert Zustände von überschwenglicher Pein und von übergroßer Wonne, die mit diesen Erlebnissen verbunden waren. Sie konnte nie eine Zeitdauer solcher Erlebnisse angeben, betonte, daß ihr „eine Klarheit über allen Wissenschaften seiend" vermittelt worden sei. Nach solchen einbildlichen Visionen seien Gedächtnis und Verstand wie vom Irrsinn betört gewesen. Schließlich bringt Theresa von Avila selbst einen Vergleich für dieses wortlose Verständlichmachen in ihren einbildlichen Visionen, indem sie sagt: „Es ist wie der Blick zwischen zwei liebenden Personen."

Es scheint mir demnach hier in der autobiographischen Schilderung eine Grenzsituation einer tiefreligiösen Person vorzuliegen, die uns etwas vom überirdischen Leid und Glück, von zeitloser Wahrheit, von einem transzendenten Sein erkennen läßt, was mit Worten sehr schwer zu schildern ist. Analoge Erlebnisse anderer Mystiker ließen sich ebenso anfügen wie ähnliche Erlebnisse im Satori bei den Zen-Buddhisten oder im Samadhi der Hinduisten usw.

Die in Grenzsituationen sich ereignenden kreativen Akte sowie die religiösen Glaubenserlebnisse erinnern in mancher Hinsicht an den Wahneinfall. Und doch ist es auch ohne Zweifel, daß der Wahn selbst eine Grenzsituation des menschlichen Geistes darstellt, er muß als eine Krise der Selbstentwicklung angesehen werden. Berner[8]) zitiert Ideler aus dem Jahre 1839, der damals versuchte, einen natürlichen Wahn der Dichter und Künstler von einem krankhaften Wahn zu unterscheiden. Es hat in der Folgezeit viele Diskussionen um eine solche Abgrenzung gegeben. In diesem Zusammenhang sei nur hervorgehoben, daß nach K. Schneider[104]) Wahn nur mittels phänomenologischer Intuition verstanden – aber nicht erklärt – werden kann. Er meint, daß die Qualität des Betroffenseins bei der Wahnwahrnehmung ein Numinoses besonderer Art sei.

Neuerdings hat G. Benedetti[6]) darzulegen versucht, daß man dem Verständnis eines schizophrenen Wahns nur durch den Versuch eines subjektiven Verstehens, eines Nacherlebens nahekommen kann. Wie in dem schwerst veränderten Wahn-Ich, das bis zum Auslöschen desselben gehen kann, Liebe und Hoffnung keine Wurzel fassen können, zeigt der folgende Text (S. 61). „Für den Patienten, der keinerlei Bezugspunkte mehr hat, mit denen das eigene Sein (hier müßte man besser Dasein oder Selbst sagen) sich verknüpfen ließe, ist das zuwenig; da jede Quelle der Liebe in ihm versiegt ist, vermag er sich nicht vorzustellen, was Akzeption seitens des anderen überhaupt ist. Weder eine positive Vorstellung noch eine in die Zukunft projizierte Hoffnung können in sein von negativen Erfahrungen gänzlich belegtes Ich vorstoßen."

Ich selbst[66]) habe versucht, den Unterschied zwischen Wahneinfall und ähnlichen Erlebnissen im künstlerischen Schöpfungsakt und vor allem im religiösen Glaubenserlebnis zu umreißen. Meiner Meinung nach gibt es im Augenblick des Ereignisses keinen Unterschied. Erst der Verlauf derartiger Ereignisse ist verschieden. So kann man sagen, daß im kreativen Bedeutungs- und Glaubenserlebnis Vertrauen, Hoffen, aber auch Zweifeln immer mitenthalten sind. Verschiedene Möglichkeiten des Werdens sind damit gegeben. Im Erlebnis des Wahneinfalls sind dem gegenüber Vertrauen und Zweifel nicht zu finden. Der Wahn ist nur für den Betroffenen unumstößlich und endgültig. Eine Werdemöglichkeit, ein Offen-Bleiben auf ein Sein hin, das immer unbestimmt ist, ist demnach im Wahn nicht enthalten. Die personale Freiheit fehlt im Wahneinfall bzw. Wahnerlebnis. Trotz dieser Verschiedenheiten geht doch daraus hervor, daß auch der Wahn als Wahneinfall ein Schöpfungsakt ist. Er hat als kreativer Akt seinen Ursprung in einem irrationalen Grund, der nicht erklärt werden kann.

Man nimmt heute weithin an, daß die abendländische Kultur sich in ihrer Gesamtheit auch einer Grenzsituation nähert. Moderne Kunst und Literatur versuchen auf ihre Art den Menschen unserer Tage diese mögliche Grenzsituation bewußt zu machen. Im modernen Drama wie auch im modernen Roman wird eine eigene Wirklichkeit aufgerichtet, entgegen der bloßen Realität. In dieser neuen Wirklichkeit haben Raum, Zeit und Kausalität keine Geltung mehr[14]). Den Menschen von heute ist das Empfinden für Grenzsituationen, in denen wir als Angehörige der abendländischen Kultur stehen, weithin verlorengegangen oder schwer erkennbar geworden. Der Mensch von heute sieht nicht mehr oder verdrängt sein wahres Selbst häufig, er lebt nur allzu oft in einem augenblicklichen Dasein, aus dem er möglichst viel Glück zu gewinnen sucht. Was war und sein wird, interessiert ihn relativ wenig. Endgültiges wie z. B. den Tod verdrängt er häufig. Es soll aber in diesem Zusammenhang nicht geleugnet werden, daß es auch andere Strömungen gibt wie z. B. die ökumenische Bewegung von Taizé (in Burgund) unter Führung von Roger Schutz. Hierher gehört auch – ganz allgemein gesagt – das zunehmende Interesse für die Parapsychologie bei voller Berücksichtigung der Tatsache, daß hinter Parapsychologie sich auch sehr viel Schwindel, Zauberei und üble Geschäftemacherei verbergen können.

Das Erkennen und Erleben von Grenzsituationen ist nur dem menschlichen Geist möglich. Daher ist auch das Wahnerleben nur dem Menschen möglich. Wahn ist das Opfer, das der Mensch als geistiges Wesen notwendigerweise zu bringen hat. Wahn als Veränderung emotionaler Befindlichkeit und ganz eigenartige Veränderung unseres geistigen Ich und seiner Relation zum Du der Welt stellt eine Grenzsituation dar, über die in den folgenden Kapiteln zu berichten sein wird. Ihnen gegenübergestellt werden sollen Grenzsituationen, wie sie die Dichter sehen.

Im Wahn wird uns auch heute – im Gegensatz zum Alltagsgeschehen – die Grenzsituation menschlichenDaseins deutlich, deutlicher vielleicht noch als in der Kunst. Dies deshalb, weil der Wahn unter Umständen eine sehr direkte und unverblümte Sprache spricht, nach dem alten Sprichwort „Kinder und Narren sprechen die Wahrheit". Das Bild im Wahn mag zwar manchmal verzerrt, irgendwie extrem wirken und auch unlogisch sein. Es ist auch richtig, daß dem Wahn oft Proportionen zum Gesamtverhalten der betreffenden Person fehlen[43]) oder man als Außenstehender eine Stillosigkeit[118]) bemerkt. Ich selbst habe auf das Fehlen von Vertrauen, Hoffnung und Zweifel im Wahnerlebnis hingewiesen[66]), was auch von anderer Seite[46]) betont wird. Hinzu kommt der Freiheitsverlust im Wahnerlebnis. Trotz aller dieser Umstände kann aber nicht grundsätzlich dem Wahn etwas von einer möglichen Wahrhaftigkeit abgesprochen werden. Im Wahn als Grenzsituation menschlichen Daseins leuchten oft Wahrheiten auf, die im Durchschnittsbereich des Alltagerlebens bzw. des irdischen Daseins sehr häufig versteckt bleiben oder als nichtexistent angesehen werden. So kann der Wahn den davon Betroffenen wie den mit dem Wahngeschehen befaßten Menschen einen Weg vom Dasein zum Sein erkennen lassen. Der Wahn ist wie jede Grenzsituation nicht mit den Mitteln logischen Denkens oder begrifflicher Operationen allein erfaßbar. Die Wahnforschung bedarf daher als Grundfeste auch der Philosophie und der Theologie, hier genügen nicht mehr Anatomie und Physiologie allein, – wie dies z. B. in der übrigen Medizin, soweit sie Naturwissenschaft ist, noch gelten mag. *Wahn ist nicht erklärbar, er ist bestenfalls verstehbar.* Die Wahnforschung darf daher nicht allein eine empirische Wissenschaft sein. Hier gilt es, hinter die Voraussetzungen objektivierender Forschung zurückzufragen[10]) bzw. phänomenologisch genau zu beschreiben, um schauend etwas zu verstehen, was logisch nie erklärt werden kann.

Dies wurde treffend mit drei Sätzen gesagt: „Es wäre unrealistisch, die Psychiatrie (und vor allem die Wahnforschung) in allen ihren Aspekten zu einer exakten Wissenschaft umfunktionieren zu wollen. Es ist realistisch, daß sie sich auch mit unmeßbaren Phänomenen beschäftigt. Wir wollen uns dessen bewußt bleiben, um *ganze* Ärzte zu bleiben und das Persönliche, Warme, Menschliche in unserer Arbeit zu erhalten[12]).“

Obgleich der Wahn selbst eine Grenzsituation darstellt, gibt es bestimmte Bilder bzw. Erscheinungsweisen des Wahnes, in denen die Grenzsituationen menschlichen Daseins besonders deutlich jedermann ersichtlich werden können. Zum irdischen Dasein tritt uns hier als Antinomie existentielles Sein verstehbar entgegen[49]). Mit Laing[63]) scheint mir, daß der Wahnkranke auch wieder als möglicher Hierophant angesehen werden könnte.

Bei Jaspers heißt es hinsichtlich der Erscheinungsweisen menschlicher Grenzsituationen: „Grenzsituationen nenne ich, daß ich nicht ohne Kampf und ohne Leid leben kann,

daß ich unvermeidlich Schuld auf mich nehmen muß, daß ich sterben muß." Zu diesen vier Grenzsituationen kommt als fünfte der Verlust erlebter Freiheit, über die Jaspers im 6. Kapitel[49]) ausführlich berichtet und dort auch die Möglichkeit der Unfreiheit und den engen Zusammenhang zwischen Freiheit und Schuld betont. Der von Jaspers betonte Kampf als Grenzsituation wird von mir in den Abschnitten Verlust des Du (Gegenüber) und Verlust des Ich behandelt. Dies deshalb, weil sowohl in der Dichtung wie im Wahn dies heute etwas anders ausgedrückt wird. Ich meine zumindest, daß die Problematik des Kampfes und damit seine Grenzsituation im Verlust des Gegenüber deutlich wird in dem Satz (S. 242[49]): „Daß die Gewißheit des Seins nur aus dem Kampfe aus Offenbarkeit entspringt, ist die Grenzsituation für Existenz im Dasein, in der sie sich ihrer aufs tiefste bewußt werden, aber auch am ratlosesten verzweifeln kann." Oder auf Seite 244 ebendort: „Liebe ist nicht ein Besitz, mit dem ich rechnen kann, ich muß kämpfen mit mir selbst und der geliebten Existenz des anderen, zwar ohne Gewalt, aber in Frage gestellt und in Frage stellend." Und auf Seite 246 heißt es (womit der Verlust des Ich gemeint sein dürfte): „Es wird die Möglichkeit der Einsamkeit sichtbar als Ausdruck des existentiellen Nicht-Seins, weil ich nicht liebend und in der Liebe kämpfend zur offenbaren Existenz wurde. Das Bewußtsein als Erscheinung möglicher Existenz sieht sich vor dem Abgrund."
Unabhängig von diesen sechs erwähnten Grenzsituationen erscheint mir aber eine siebte Grenzsituation die des Verlustes der Zeit und damit indirekt des Raumes zu sein, was auch soviel wie Ewigkeit bedeuten kann. Obgleich Jaspers diese Grenzsituation nicht ausdrücklich erwähnt, scheint sie mir doch den erwähnten Grenzsituationen gegenüber gleichrangig zu sein. Solche Grenzsituationen treten uns im Wahn in einem besonders krassen Ausmaß und mit bedrückender Klarheit entgegen. So schreibt Jaspers[50]: „Es ist, als ob im Leben sich ihnen einmal vorübergehend etwas offenbarte, Schaudern und Seligkeit erregt" ... „Es ist, als

ob ein Meteor in dieser Welt engerer menschlicherer Horizonte erschiene, und ehe sich dessen Umgebung vor Staunen recht bewußt geworden ist, ist dieses dämonische Dasein durch Psychose oder Selbstmord schon beendigt."

Wenn im folgenden diese einzelnen Grenzsituationen in den Kapiteln getrennt behandelt werden, so erfolgt dies nur aus didaktischen Gründen. In Wirklichkeit sind sie alle nur Facetten der einen und selben Grenzsituation des Menschen schlechthin. Wir beobachten im Wahn fast immer mehrere dieser Facetten – falls sie sichtbar werden. Aber auch in der Dichtung der Alten Welt bis hin zum Theater des Absurden werden alle diese verschiedenen Bilder der menschlichen Grenzsituation oft zugleich sichtbar.

Vermutlich sind die ersten Berichte betreffend die Erkenntnis menschlicher Grenzsituationen in die Zeit der Entstehung des menschlichen Selbstbewußtseins zu verlegen. Solche Zeugnisse der Erkenntnis menschlicher Grenzsituationen sind die Grabbeigaben wie z. B. Steinwerkzeuge oder Wegzehrung in den Gräbern des Neandertalers der Altsteinzeit – ca. 60.000 Jahre vor unserer Zeitrechnung[61]). Auch im nördlichen Irak und in Wadi el Mugara in Palästina[24]) ließ sich solches nachweisen. Man hat in China in Gräbern, die noch viel länger zurückliegen, rote Farbe als Zeichen des Lebens bei den Toten gefunden[61]).

All dies zeigt, daß man damals bereits für andere fühlte und der Verstorbene nicht mehr nur als eine Leiche bzw. toter Körper angesehen wurde. Der Mensch war nicht mehr nur ein biologisches Wesen wie das Tier und doch auch nicht ein ewig seiendes wie Gott. Man brachte mit den Grabbeigaben zum Ausdruck, daß er in irgendeiner Form teil hat an seinem Sein, das nichts mit dem irdischen Dasein zu tun hat: „Was zerstört wird durch den Tod, ist Erscheinung, nicht das Sein selbst"[49]). Bekanntlich steht der Ahnen- bzw. Totenkult am Beginn aller Religionen. Grenzsituationen zu erfahren und zu erleben, bringt den Menschen seinem existentiellen Bewußtsein näher. So kann er einen Sinn in seinem Leben und im Weltgeschehen erahnen und unter Umständen zur Erkenntnis der Wahrheit durchstoßen.

Da Grenzsituationen im Wahn besonders klar erkennbar sind, soll im folgenden vor allem darüber berichtet werden; in Analogie dazu soll auch die Dichtkunst zu Wort kommen – soweit dies einem Nichtfachmann auf diesem Gebiete möglich ist. Grenzsituationen wieder lebendig werden zu lassen in einer Zeit, in der für viele, oft gerade für junge Menschen, ein Sinn im Leben kaum mehr erkennbar ist, scheint heute ein wichtiges Anliegen geworden zu sein. Sinn zu finden und Verantwortung zu tragen, wird gerade heute von ganz anderer Seite, nämlich der modernen Physik, Naturwissenschaft und Technik gefordert. So hat von seiten der biophysikalischen Chemie Eigen[25]) betont: „Der Mensch ist weder ein Irrtum der Natur, noch sorgt diese automatisch und selbstverständlich für seine Erhaltung. Der Mensch ist Teilnehmer an einem großen Spiel, dessen Ausgang für ihn ungewiß ist." Dies soll heißen, daß der Mensch als seiner selbst bewußtes Wesen und als ein dem Du gegenüber Seiender ein Teil des Großen und Ganzen geworden ist. Er hat dafür Verantwortung zu tragen. Verantwortung heißt hier: Er hat einem Unnennbaren gegenüber auf das eine Antwort zu geben, was er als bewußtgewordener Teil des Ganzen geworden ist.

Das Leid

Leid ist hier nicht als körperlicher Schmerz gemeint, sondern als Grunderfahrung menschlichen Daseins. Bereits in den Upanishaden wird alles irdische Dasein als Leid bewertet. Der reifgewordene Mensch sieht seine Vergänglichkeit, den zweifelhaften Wert allen irdischen Daseins und das damit notwendig verbundene Leid. Umgekehrt aber wußten schon die alten Griechen, daß Leid zu „wahrem Wissen" führe. Sie erkannten damit indirekt dem Leid auch einen Sinn zu, wie dies besonders in der buddhistischen und vor allem in der christlichen Religion der Fall ist. Im Christentum besteht dazu noch die Vorstellung, daß man das Leid anderer auf sich nehmen könne. Dies spielt sich im Alltag so ab, wie es in der Volksweisheit zum Ausdruck kommt: „Geteiltes Leid ist halbes Leid." Die Vorstellung der Leidübernahme führte folgerichtig zum Glauben an einen möglichen Opfertod für andere, etwa wenn man an den Opfertod im Krieg denkt. Der Opfertod für andere ist aber eine uralte, symbolische religiöse Handlung, in der die Abhängigkeit des lebendigen Menschen von der Gottheit dargestellt wird[116]).

Die mögliche Leidübernahme führte auch zu den Vorstellungen von der Erlösung bzw. eines Erlösers: Ein Mensch oder eine menschgewordene Gottheit könne alles Leid dieser irdischen Welt auf sich nehmen und z. B. durch einen freiwillig auf sich genommenen Opfertod die Menschen von ihrem Leid und – was eng damit zusammenhängt – auch ihrer Schuld erlösen.

Tiefes Leid ist, insbesondere wenn es unverschuldetes Leid ist, zunächst unverständlich, solange ein rein rationaler Standpunkt eingenommen wird. Leid verstehen kann man nur, wenn man Leid zusammen mit seinem polaren Gegensatz sieht, und dieser polare Gegensatz heißt Liebe. Liebe und Leid sind einander engst verbunden, und beide sind rational nicht verstehbar bzw. erfaßbar. Wo keine Liebe ist, gibt es auch kein tiefes Mit-Leid. Tiefes Leid ist immer ein Mitleid, ein Mitleid mit sich selbst, aber auch mit seinem Gegenüber. Ein Mitleiden ist ein Leiden an der Unmöglichkeit, selbst nicht wie die anderen in dieser irdischen Welt agieren, leben oder genießen zu können. Es gibt aber auch das Mitleiden an der Kreatur, an den sozialen Gegebenheiten, an der Natur. Dies heißt mit anderen Worten, daß es Leid in einem – allerdings nur theoretisch vorstellbaren – isolierten Ich ebensowenig gibt, wie es Liebe in einem isolierten Ich geben kann. Leid liegt im zwischenmenschlichen Bereich, wobei hier als das Gegenüber nicht nur ein menschliches Dasein oder auch Tun gemeint ist, es kann eine Leistung für andere Menschen gemeint sein, z. B. eine kreative Tätigkeit. Leid ist wie die Liebe zwischen Ich und Du, sie wird nicht gehabt, sondern sie geschieht[17]) in einer Begegnung. Leid und Liebe sind demnach Begegnungsereignisse, die auf einem Wesensakt des Geistes beruhen. So mag auch der Satz[49]) verständlich erscheinen: „Aus der Haltung zum Leiden in der Polarität aktiver und passiver Resignation schwingt sich in der Grenzsituation (die) mögliche Existenz (menschlichen Daseins) auf zur Erfahrung im sich Eins-Wissen in ihrer Transzendenz in einem Ursprung, der in der Grenzsituation des Seins gedacht wird."

Vom Standpunkt transzendenter Vorstellungen wird so das konkrete Erlebnis des Leidens verständlich werden, dessen wir alle teilhaftig werden in unserem Leben. Es scheint mir, daß man sich aufgrund des oben Gesagten relativ gut vorstellen kann, daß der Mensch zum Leiden und Lieben zugleich geboren ist. Da der Mensch als geistiges Wesen nicht allein ist, müssen auch andere für ihn leiden können; umgekehrt kann und muß er selbst für andere leiden, wie er geliebt wird und lieben kann. Im Wahnerlebnis wird dies alles oft unverhüllt zum Ausdruck gebracht. Verweigert der Mensch das Leid, steht die Selbstverwirklichung still, bricht das Nichts in unser existentielles Leid herein. Wo keine Liebe ist, gibt es auch kein echtes Mitleid[108]). Leid ist nur in seinem polaren Gegensatz, nämlich in der Liebe verstehbar. Die höchste Liebe aber stellt die Erlösung dar. Ein Ausdruck dafür, wie Leid durch Erlösung überwunden wird, ist für den Musikkenner z. B. das ergreifende Adagio der 9. Symphonie von A. Bruckner.

In der modernen Dichtung werden uns viele Beispiele existentiellen Leides in Grenzsituationen geschildert. Andererseits wurde für unsere Zeit auch festgestellt[31]), daß die Fähigkeit des Mitleidens abgenommen hat und der Sinn für Leid weitgehend verlorengegangen ist. Eine Parallele dazu ist meines Erachtens der Verlust der personalen Liebesfähigkeit. Ein Leben ohne Liebe und Leid würde aber kein menschliches Leben mehr sein.

Stefan Andres schildert in seiner Novelle[4]) ein derartiges existentielles Leid aus der Zeit des spanischen Bürgerkrieges: In ein Kloster werden Gefangene eingeliefert, unter ihnen auch ein vor vielen Jahren aus dem Kloster entflohener Pater. Dieser Pater, der Matrose und Abenteurer wurde, träumte von einem seligen Land (Utopia), in dem alle Spannungen dieser Welt aufgehoben sein werden. Der Kommandant der Besatzung dieses Klosters, ein rotspanischer Leutnant, entdeckte, wer dieser neue Gefangene war und verlangte von ihm die Abnahme der Beichte, weil er schwere Blutschuld auf sich genommen hatte und bereits seinen Tod ahnte. Nach schweren inneren Kämpfen entschließt sich der Pater, dem Leutnant die Absolution zu geben. Er segnet auch die anderen zum Tode Verurteilten und verzichtet darauf, sich selbst zu retten, geht vielmehr mit ihnen in den Tod. In der Selbstüberwindung verwirklicht er seine Utopia.

Die in dieser Novelle dargestellte Leidübernahme gibt seinem Leben erst jenen Sinn, nach dem er zeit seines Lebens vergeblich gesucht hat. Diese Novelle zeigt auf, daß es in unserem irdischen Leben durchaus möglich ist, Sinn zu finden und zu verwirklichen.

Ein weiteres Beispiel erlebten Leides in einer Grenzsituation ist das Tagebuch der Anne Frank[29]). Es handelt sich um jenes unglückliche 14jährige jüdische Mädchen, das in Holland „untertauchte", dann doch entdeckt wurde und im KZ Bergen-Belsen sterben mußte. Man kann in diesem Tagebuch lesen, wie immer wieder die Hoffnung auf das Gute und Schöne intakt bleibt: „Ich sehe uns acht hier im Hinterhaus, als wären wir auf einem lichten Stück blauen Himmels inmitten dunkler, schwerer Regenwolken. Noch ist der Platz sicher, aber die Wolken werden immer dichter, und der Ring, der uns noch von der nahestehenden Gefahr trennt, wird immer enger. Schließlich sind wir so eingehüllt von der Dunkelheit, daß wir in dem verzweifelten Wunsch, uns befreien zu wollen, aneinander geraten. Wir sehen unten, wie die anderen Menschen gegeneinander kämpfen, und blicken hinauf, wo Glück und Ruhe ist. Wir sind aber abgeschnitten durch eine dicke undurchdringliche Schicht, die uns den Weg dorthin versperrt und uns umgibt wie eine unüberwindliche Wand, die uns zerschmettern wird, wenn es an der Zeit ist. Und ich kann nur rufen und flehen: ‚O Ring, o Ring, werde weiter und öffne dich für uns ...‘ Für jeden, der einsam und unglücklich oder in Sorge ist, ist das beste Mittel hinauszugehen, irgendwohin, wo er allein ist, allein mit dem Himmel, mit der Natur und Gott ... solange es so ist – und es wird wohl immer so sein –, weiß ich, daß es unter allen Umständen einen Trost gibt für jeden Kummer, und ich glaube bestimmt, daß die Natur so vieles Leid erleichtert ... Als ich hinaussah und Gott tief in der Natur erkannte, da war ich glücklich, nichts anderes als glücklich ... Das Glück deines Herzens kann höchstens einmal verhüllt sein, wird dich immer aufs neue glücklich machen, solange du lebst.“

Trotz allen Leides war dieses Kind Gott dankbar, daß er ihr die Möglichkeit gegeben hat, ihren „Geist zu entfalten und schreiben zu können, um alles zum Ausdruck zu bringen, was in ihr lebt.“ Dies sind wohl tief erschütternde Worte eines gläubigen jungen Menschen, der größtes Leid in einer Situation völliger Abgeschlossenheit erleben mußte, wobei sich in jenen 18 Monaten die Situation ihres Daseins ständig verschlechterte.

Leid in seiner extremsten Form ist die Hölle hier auf Erden, die in vielen Zeiten die Menschheit schon erlebt hat und auch Europa in unserem Jahrhundert an manchen Orten erleben mußte. Albert Camus[19]) hat dies in seinem Roman „Die Pest“ dargestellt, und Norman Mailer in „Die Nackte und der Tote“. Camus schildert das größte Leid, das dadurch zustande kam, daß die Einwohner der von der Pest befallenen Stadt durch die absolute Schließung ihrer Tore nun von allem ausgeschlossen waren, daß jeder Kontakt zu Menschen, aber auch zum Geschehen außerhalb der Stadt unmöglich geworden war. Die Einwohner hatten damit „das

Gegenüber" einer lebendigen Stadt verloren, sie konnten am Geschehen der Welt nicht mehr teilnehmen und nur mehr in der eigenen Vergangenheit leben. Ihre Tage waren richtungslos. Selbst das Mitleid mit den Pestkranken wurde sinnlos, weil alle wahrscheinlich an der Pest sterben werden. „Das Herz versteinerte", das heißt, die Liebe schwand, und das Leid wurde unermeßlich. Und doch zeigt Camus in diesem Roman, wie man selbst ein solches Höllenleid noch ertragen kann, wenn man seine Pflicht tut und heroisch gegen die Pest ankämpft, auch wenn es völlig aussichtslos scheint. Camus läßt den Pfarrer Paneloux kurz vor seinem Pesttod sagen, daß man solche Grenzsituationen nur durch völlige Selbstaufgabe und Selbstverleugnung bestehen könne, wie es die Liebe zu Gott verlangt.

In der Grenzsituation des Wahnes tritt uns das Leid in seinem vollen Ausmaß entgegen. Der Wahnkranke zeigt dies auf spezifische Weise – auch in seinem polaren Gegensatz, nämlich der überirdischen Liebe und Erlösung.

Eine geistliche Schwester hatte mit 22 Jahren ihre erste Wahnphase. Sie hatte damals eine prophetische Erleuchtung, die sich später teilweise in ihrem realen Inhalt bewahrheitete. In einer zweiten Phase versuchte sie am Märtyrertag das chronische Leiden einer Mitschwester auf sich zu nehmen. Diese Patientin hieß Therese, und sie selbst fühlte sich damals als eine zweite „kleine Therese" (Therese von Lisieux). Diese französische Karmeliterin wurde bekanntlich 1925 heilig gesprochen, weil sie durch ihre Fürbitten zahlreiche Wunderheilungen bewirkt haben soll. Die Patientin berichtete über ihre Erlebnisse, daß sie damals zwei Sterne, nämlich „Glaube" und „Hoffnung", vor Augen und Christus in sich gehabt habe. Als sie versuchte, mit diesem Erlebnis das Bild der heiligen Therese von Lisieux, das sie bereits vor sich gehabt hatte, zu fixieren, „sei das Malheur passiert". Es sei ihr nämlich nicht gelungen, dieses zu fixieren, und nun meinte sie, es sei alles verloren, und sie war von furchtbarem Leid erfüllt. In einer späteren Phase kam es im Anschluß an

26

den Besuch eines Filmes, der damals das alle Welt erschütternde Elend in Biafra (Afrika) zeigte, zu einem ähnlichen Erlebnis. Sie übte, wie sie sagte, „Versenkung, in der man nur Gutes denkt", und wollte damit das Elend Biafras auf sich nehmen. Auch dies gelang ihr damals nicht, und beide Erlebnisse endeten mit furchtbaren Schuldgefühlen und Leiderlebnissen.

In ihrem Wahn zeigte sich das Erleben des Leides dieser Welt sowie das Gefühl einer großen Kraft, das Leid der anderen auf sich nehmen zu können, zugleich aber der Zusammenbruch und die Erkenntnis der Unmöglichkeit, das Leid anderer Menschen in dieser irdischen Welt wirklich auf sich nehmen zu können. Daraus ergaben sich dann jeweils schwere Schuldgefühle.

Ein zweites Beispiel wäre ein 30jähriger Angestellter einer Firma, der plötzlich die Idee hatte, der Messias zu sein. Er glaubte, das Böse in sich besiegt zu haben, weil es ihm gelang, vor nackten Frauen wegzusehen. Und nun wollte er das Leid der Armen lindern, wollte zum Papst fahren, um ihm die Arbeit abzunehmen, ja er wollte das Leid der ganzen Welt beseitigen, indem er es auf sich nahm.

Ähnliche Vorstellungen sind Inhalte von Wahnerlebnissen anderer Kranker: So erklärte ein 22jähriger Student, daß er der „Reservechristus" sei, jener „Erlöser", auf den die Juden warten, „er sei bereit, am Kreuze zu sterben". Er meinte, daß er nun alles Leid der Welt auf sich nehmen wolle und auch könne, und er wolle auch dem zweiten Judas verzeihen. Ein 23jähriger Kaufmann fühlte in seinem Wahn (vorwiegend manischer Prägung), daß er jetzt allen Menschen helfen könne, er wolle ihr Erlöser sein. Eine 17jährige Studentin erkrankte zu Ostern akut an Wahnvorstellungen: „Am Karfreitag litt ich mit den Leiden des Herrn besonders stark", und in einer späteren Phase glaubte sie, im Rahmen von Meditationsübungen innerhalb der katholischen Frauenbewegung, „daß sie den Menschen nun viel besser helfen könne, das Leid zu tragen". Ein 18jähriger Student, der später Pfarrer wurde, glaubte in seinem ersten psychotischen Schub,

„stellvertretend für die gesamte Menschheit leiden zu müssen". Auch früher zeichnete sich dieser Student schon durch seine große Hilfsbereitschaft aus.

H. W. Janz[48]) schildert einen 29jährigen Patienten, der stellvertretend für die ganze Menschheit die Sünde der Atomspaltung büßen müsse. Er hätte „Höllenqualen zu leiden gehabt", aber nun sei ihm die Erlösung als Gnade Gottes zuteil geworden und damit hätte die ganze Menschheit Verzeihung erlangt.

Bei diesen letzten Beispielen führte die Vorstellung der Möglichkeit der Leidübernahme zur Messiasidee, die Welt vom Leid erlösen zu können, während in den vorher genannten Fällen die Patienten an der Übernahme des Leides „zerbrachen".

Ein Meister der Holzschnitzkunst berichtete mir, wie er in seinen manischen Phasen meinte, er sei der Retter der Menschheit, er wollte deshalb zum Papst und zu den Massenmedien, um es allen kundzutun. Seiner eigenen Mutter befahl er, die Krücken wegzuwerfen, denn er habe sie nun geheilt und von allem Leid befreit. In seinen depressiven Phasen hatte er aber umgekehrt schwerste Versündigungsideen. Magische Vorstellungen betreffend die Befreiung vom Leid im Wahngeschehen klingen auch an, wenn ein 20jähriger Student erklärt, er könne das Elend und den Krieg in Vietnam beenden, wenn er „auf einen Zettel Vietnamkrieg schreibe und ihn dann zerreiße".

Etwas anders waren die Erlebnisse einer 50jährigen Mühlenbesitzerin, deren Mann einige Jahre vorher durch Selbstmord in einem schizophrenen Schub verstorben war. Sie glaubte, daß durch ihr Leid die ganze Menschheit leiden würde, ihre Beschwerden – beklemmendes Herzklopfen – seien „die Todesursache von Menschen anderswo in großer Zahl". Ich durfte sie (auch als ihr Arzt) nicht berühren, „denn dann schließe sich der Kreis, und alle Menschen seien tot". Sie hatte die Vorstellung, daß sie selbst die Ursache allen Leides in der Welt geworden sei. Sie konnte aber die Menschheit nicht vom Leid erlösen (wie in den vorhergehenden Berichten über andere Kranke), sondern war zum Mittelpunkt allen Leides geworden; an ihr litt die ganze Welt.

Die zentrale Vorstellung der Grenzsituation des Leides im Zustand des Wahns ist demnach immer, „das Leid des anderen (meist der ganzen Menschheit) übernommen zu haben oder übernehmen zu können bzw. übernehmen zu wollen und eventuell auch den anderen (die Menschheit) vom Leid erlösen zu können – aber auch an dieser Aufgabe zu zerbrechen, was dann enorme Selbstmordgefahr für den Betreffenden bedeutet. Es heißt dies mit anderen Worten, daß uns im Wahn wie in einem Spiegelbild unseres Selbst recht deutlich gezeigt wird, daß das Bestehen der Grenzsituation (hier das Leid) für den Betreffenden immer eine große Aufgabe ist. Eine solche Aufgabe zu lösen, gelingt nicht immer, bleibt immer ein Wagnis. Man kann daran auch zerbrechen, und zwar sowohl das Selbst des Gesunden wie erst recht das Ich des Wahnkranken. Dies wird auch noch aus den folgenden Grenzsituationen hervorgehen. Mut, Selbstvertrauen, Gottvertrauen und Hoffnung sind notwendige Voraussetzungen, um in Grenzsituationen bestehen zu können. Die Löschung dieser Voraussetzungen durch das Wahngeschehen kann zum Zerbrechen des Ich führen.

Es ist meines Erachtens recht aufschlußreich und kennzeichnend, daß erlebtes tiefes Leid, wie es in den Grenzsituationen menschlichen Daseins gegeben ist, uns in Dichtung und Wahn meist als polares Geschehen entgegentritt. Entweder findet der im grenzenlosen Leid Betroffene keine Möglichkeit, sich selbst aus dem Mittelpunkt des Leides in der Welt herauszuheben, und er wird darunter zusammenbrechen und den irdischen Tod suchen, oder er wird ihm gegeben sein. Es heißt dann oft: „Er ist an gebrochenem Herzen gestorben." Es kann aber auch sein, daß ihm selbst im tiefsten Leid noch der Glaube und die Hoffnung[122]) möglich sind bzw. daß er erkennt, wie er durch sein Leid anderen helfen kann, bzw. daß auch andere sein Leid auf sich nehmen oder ihm zumindest tragen helfen können. In diesen beiden Fällen ist das im

Leid steckende zwischenmenschliche Sein nach beiden Richtungen hin offen. Es ist also nicht so, daß im tiefsten Leid immer nur das ganze Leid der Welt auf einen einstürzt, sondern es kann auch umgekehrt die Welt an meinem Leid teilnehmen, kann tragen helfen, oder der Betreffende kann durch das erlebte Leid sogar so gereift und gestärkt werden, daß er den anderen Leid im Sinne eines Heilers, letzten Endes eines Messias, tragen helfen kann. Mir scheint es, daß diese beiden Seiten der Grenzsituation des Leides gerade auch im Wahnerlebnis deutlich werden können.

Das Erlebnis der Schuld

Schuld als Erlebnis in der Grenzsituation wird hier als ethischer Begriff verstanden. Es ist ein existentielles Schuldgefühlerlebnis gemeint, das nichts mit einer realen Schuld materieller Art zu tun hat. Ich meine jenes Schuldgefühl bzw. Schuldbewußtsein, von dem schon Platon[92]) in seiner Politea (X 617 d) sprach: „Die Schuld ist des Wählenden, Gott ist schuldlos." Es wird damit zum Ausdruck gebracht, daß der Mensch in der irdischen Welt sein Schicksal mitentscheidet und auch die in dieser Welt vorhandene Schuld mittragen muß. Schuldig werden und Schuldgefühle entwickeln zu können, ist ohne Begriff der menschlichen Freiheit nicht möglich. Es ist damit die Willensfreiheit zum Handeln und Unterlassen gemeint, die Freiheit zur Anerkennung bestimmter Wertnormen und die Möglichkeit der Verletzung derselben. Auf die menschliche Freiheit wird in einem späteren Abschnitt noch besonders eingegangen werden (vgl. Seite 39).

Die menschliche Schuld enthält aber neben dem Begriff der menschlichen Freiheit auch den der Verantwortung. Verantwortung bedeutet die Bereitschaft, Schuld auf sich nehmen zu können[49]). Verantwortung heißt Antwort auf einen Anruf aus der Welt der Werte. Beispiele für die Welt der Werte wären Begriffe wie Wahrheit, Recht, Liebe usw., da diese im Gegensatz zu manchen anderen Wertbegriffen relativ unabhängig vom zeitlichen bzw. kulturellen Geschehen sind. Letzten Endes leiten sich aber Schuld wie Verantwortung – zwei Begriffe, die eng aneinandergekoppelt sind – von etwas ab, was hinter dem diesseitigen Geschehen der Welt steht. Es wird in den Hochreligionen als Transzendenz bezeichnet. Verstößt der Mensch gegen jene Welt der Werte, gegen seine Eigenverantwortlichkeit gegenüber dem, was hinter allem steht, dann entsteht existentielle Schuld, von der allein hier die Rede sein soll.

Die Unvollkommenheit des Menschen in der gegebenen irdischen Situation bedingt, daß er durch sein Tun und Lassen gegenüber transzendenten Instanzen schuldig werden wird bzw. bleiben muß. Es gibt für ihn keine Lösung für anstehende Probleme, bei denen er ohne Schuld bleiben wird. Sein Gewissen[5]), das im Mittelalter noch Mit-wissen (lat. conscentia) hieß, wird ihm immer zum Bewußtsein bringen, inwieweit er sich jeweils durch seine Vorstellungen, durch sein Handeln und Unterlassen schuldig gemacht hat an der Welt der Werte bzw. Transzendenz. Oft gilt es freilich für den Betreffenden, nur das kleinere Übel (die geringste Schuld) zu finden und dann zu wählen.

Schuld wird gerade in der Grenzsituation menschlichen Daseins besonders deutlich und mächtig sein, weil darin die Grenzen der eigenen Wirkmöglichkeit bei erhaltener voller Selbstverantwortlichkeit erkennbar werden. Eine solche Situation kann z. B. im Wahn erlebt werden, wenn der Kranke „unfähig werden kann, vom Gegenwärtigen wegzukommen und Schritte in die Zukunft zu tun"[47]).

Es ist eine uralte religiöse Frage, wie der Mensch von seiner Schuld erlöst werden kann, nachdem es offensichtlich ist, daß Schuldigwerden ebenso zum Leben gehört wie der Tod. Nun ist es naheliegend anzunehmen, daß Erlösung von Schuld, Erreichung des Stadiums der Sühne und Vergebung, im Bereich der menschlichen Eigenschaft des Hoffens liegt.

31

Glaube, Liebe und Hoffnung werden in der christlichen Welt als die drei göttlichen Tugenden bezeichnet.

In der christlichen Religion ereignet sich bekanntlich die Erlösung von der Schuld in der Reinwaschung bei der Taufe – einer rituellen Handlung – und in der Liebe des den Kreuzestod sterbenden Jesus[125]). So wird verständlich, welch grundlegende Bedeutung der im Wahn gegebene Verlust des Hoffenkönnens für die Entstehung existentieller Schuldgefühle haben kann. Schuldgefühle werden grenzenlos werden müssen, wenn im Erlebnis der Schuld kein Platz für Hoffnung mehr ist. Es ist jener Zustand, in dem alles verloren scheint. Dies wurde in der scholastischen Theologie als Accedia, von Kierkegaard als Ursünde bezeichnet[13]). Die Seinsminderung im Wahn, der Werdensverlust in dem Sinne, daß die verschiedenen Möglichkeiten einer persönlichen Entwicklung für immer verloren sind, also die völlige Hoffnungslosigkeit bewirkt eine Tiefe der Schulderlebnisse bei Wahnkranken in ungeahntem Ausmaß.

Man mag nun fragen, ob es ein existentielles Schuldgefühl in unserer Zeit noch ebenso häufig gibt wie in früheren Zeiten. Sind doch Begriffe wie Schuld und Sühne (Strafe)[32], aber auch Eigenverantwortlichkeit im Sprachschatz des Alltages seltener geworden. Wenn sie aber verwendet werden, dann geht es um Schuldgefühle, die gegenüber irdischen und kaum gegenüber transzendenten Instanzen geäußert werden. Parallel dazu beobachtet man in unserer Zeit viel mehr Interesse für die Realität des Alltagsgeschehens als inneres Verlangen und Streben nach Frömmigkeit. Der Mensch wird heute weitgehend als ein einerseits genetisch bedingtes, andererseits sozialbestimmtes „Produkt" angesehen. Hier bleibt für personale Freiheit, für das Bestreben, möglichst wenig Schuld auf sich zu laden, und für Selbstverantwortlichkeit oft nichts mehr übrig.

Wäre der Mensch wirklich so – ohne die beiden erstgenannten Wurzeln menschlichen Daseins, nämlich die genetische Bedingtheit und die soziale Beeinflußbarkeit leugnen zu wollen –, dann wäre der Mensch von vornherein entschuldigt. Die „Schuld" läge dann nämlich ausschließlich in der Natur oder in der Gesellschaft.

Und das Heil läge damit ebenfalls allein in der Wissenschaft oder in der Änderung der Gesellschaftsstruktur. Das logische Ergebnis solcher Vorstellungen wäre der schuldfreie, genetisch entsprechend manipulierte und sozial bestens bestimmte bzw. gelenkte Mensch. Allerdings bleibt bei dieser Hypothese völlig unbestimmt, von welcher Instanz die Art und Richtung der genetischen und sozialen Manipulation bestimmt bzw. ausgerichtet werden. Es ist jedermann bekannt, daß es Ansätze in diesen genannten Richtungen immer schon gegeben hat und gerade auch jetzt wieder gibt. Man braucht nicht nur an politische Diktaturen oder religiöse Bewegungen wie z. B. im Islam oder an die sogenannten Jugendreligionen[38]) zu erinnern.

Aber auch alle diese neueren, völlig diesseitigen Instanzen kommen ohne jede *bewußte* Erzeugung von Schuldgefühlen bei den diesen Bewegungen Hörigen nicht aus. Und die ihnen zugeteilten Strafen sind bekanntlich unmenschlich hart. Die genetische Manipulation in einem beschränkten Ausmaß erscheint in näherer Zukunft ebenso möglich zu werden, wie es soziale Revolutionen und die Bildung neuer Gesellschaftsstrukturen immer wieder geben wird. Aber auch in allen diesen Fällen müßte eine allerdings nur theoretisch denkbare Instanz die genetische Manipulation bestimmen oder eine neue Gesellschaftsstruktur für einen besseren Menschen konstruieren. Diese theoretische Instanz müßte aber wiederum von inneren Schuldgefühlen verfolgt werden, wenn sich auch nur der geringste Fehler dabei ereignete. Ohne Fehler zu planen, ist aber im irdischen Bereich ohne Zweifel unmöglich. So wird es auch in Zukunft keinen entschuldigten Menschen geben können, besonders dann nicht, wenn er selbst glaubt, diese Ent-schuldigung bewirken zu können.

Schuld wird schon in den alten griechischen Tragödien deutlich. So schildert Aischylos in der Tragödie „Die Perser"[2]), welche Schuld Xerxes, der Anführer der Perser, auf

33

sich geladen hatte, als er die Schlacht bei Salamis gegen die Griechen verloren hatte. Aischylos läßt in dieser Tragödie den verstorbenen Vater des Xerxes, Dareios, erscheinen, der seinen Sohn wegen der Hybris schilt, die er begangen hatte, als er den Bosporus überquerte. Er hatte dabei aus Meer Land gemacht, was offensichtlich wider die Absicht der Götter war. Wörtlich heißt es dort: „Der Überheblich' denke nicht, wer sterblich ist, denn aus der Hoffart Blute wächst als Frucht die Schuld, die dann zur Ernte reich an Leid und Tränen reift."

M. Lowry[73]) schildert in seinem Roman „Unter dem Vulkan" das Schuldigwerden in unseren Tagen. Ein von seiner Heimat weit entfernt und doch an verantwortlicher Stelle wirkender Mann verfällt dem Alkohol. Er weiß es, kämpft dagegen, wird aber immer wieder rückfällig. Er verliert zunehmend den notwendigen Kontakt zur Umwelt, er sieht seine Willenskraft immer schwächer werden. Er sieht sein Versagen, seine Schuld. Er weiß um seine Verantwortung, sieht, daß ihm das notwendige Tun immer unmöglicher wird, er sieht seine Hoffnung immer mehr schwinden, der zu sein, der er sein möchte und sein sollte. Und er verfällt schließlich in den Zustand der Tristitia oder Accedia, in dem alles verloren ist, wo es keine Hoffnung mehr gibt und nur noch der Selbstmord übrigbleibt. Es ist dies einerseits ein sehr reales Schuldigwerden z. B. gegenüber seiner Trunksucht, andererseits auch ein inneres Schuldgefühl, nämlich seine Aufgabe und Pflicht innerhalb der menschlichen Gesellschaft verletzt zu haben, und nicht mehr als verantwortlicher Mensch handeln zu können.

Franz Kafkas Roman „Der Prozeß"[55]) kann unter diesem Blickwinkel des „Schuldig-geworden-Seins" gesehen werden. In der Person des „K." wird ein Mensch geschildert, der anonym und aus unbekannten Gründen verfolgt wird, weil er schuldig geworden ist. Vergeblich sucht K. zu erfahren, was gegen ihn vorliegt, wer ihn anklagt. Er kann nicht verstehen, was gegen ihn vorliegen sollte. Aber es ist so in der Welt, wie es in dem Roman heißt: „Alle stehn im Dienste des Gerichtes." K. kann offensichtlich nicht einsehen, daß jeder Mensch in seinem Leben schuldig geworden ist. Erst in seiner Todesstunde, seiner Grenzsituation, sieht K. ein, daß es etwas Mächtigeres als den Menschen gibt, dem man sich ungefragt zu beugen hat und vor dem man Schuld bekennen muß.

Daß wir immer in existentieller Schuld stehen, zeigt auch das Hörspiel von Siegfried Lenz[72]) „Die Zeit der Schuldlosen". In einer Diktatur werden neun schuldlose Bürger, die verschiedenen Berufen angehören, gefangengenommen, um einen Attentäter zum Verrat oder zum Wechsel der Partei zu bewegen. Als einer der neun Bürger ihn schließlich im Dunkeln umbringt, erlangen alle wieder die Freiheit. Einige Jahre später wird die totalitäre Staatsgewalt gestürzt. Nun stehen dieselben Bürger vor dem Richter, damit geklärt wird, wer von ihnen damals der Mörder war. Zur Rettung dieser Situation muß abermals ein Menschenleben geopfert werden. Und einer „befreit" die anderen durch seinen Selbstmord. Alle sind wieder „frei", aber dennoch schuldig geblieben.

Max Frisch[30]) erzählt in „Als der Krieg zu Ende war" eine Parabel der menschlichen Schuld. Eine Berlinerin muß einem russischen Offizier in ihrer Wohnung Quartier geben. Ihren Mann, der bereits von der Ostfront zurückgekehrt ist, versteckt sie vor dem Offizier im Keller. Um jeden Verdacht abzulenken, lädt sie den russischen Offizier zum Essen ein und liebt ihn schließlich, obwohl sie seine Sprache nicht versteht. Ihr von Eifersucht geplagter Mann verläßt sein Versteck und wird prompt von einem jüdisch-russischen Soldaten als einer der vielen schuldigen Teilnehmer am Warschauer Gemetzel im letzten Krieg entdeckt. Als dies dem russischen Offizier bekannt wird, verläßt er das Haus, um die Frau zu schonen. Im Disput mit seiner Frau verantwortet der deutsche Offizier sein Verhalten in Warschau mit seinem Selbsterhaltungstrieb, der stärker gewesen sei als sein Gewissen. Er sagt zu seiner Frau, daß sie mit ihrem Verhalten erkennen ließ, daß auch sie letzten Endes in gleicher

Weise gehandelt habe. Die Frau, die diese Verantwortung nicht tragen kann – vielleicht weil sie die Schuld in erster Linie wegen ihres Gatten auf sich genommen hat und nun in ihrer Verantwortung allein bleiben muß –, stürzt sich aus dem Fenster.

Die Häufigkeit und die Art der Schuldgefühle bzw. der Inhalt der Schuldideen beim Wahnkranken wurde in den letzten Jahrzehnten von psychiatrischer Perspektive aus mehrfach untersucht ([67], [68], [87]). Der Wahnkranke äußert heute immer weniger religiöse Schuldgefühle und immer mehr Schuldgefühle gegenüber irdischen Instanzen. Es wird sich aber bei vielen Beispielen zeigen, daß diese Schuldgefühle trotzdem nur scheinbar innerweltlicher Natur sind, in Wirklichkeit gegenüber letzten, transzendentalen Instanzen entstehen.

Ein Beispiel für seinen Schuldwahn betrifft eine schizo-affektive Psychose mit wiederholten Schüben. Dieser Mann war Mitglied der Berufsvereinigung „Bildender Künstler", hatte die Fachschule für Schnitzen mit sehr gutem Erfolg abgeschlossen. Zwischen seinen Krankheitsphasen bezog sich der Inhalt seiner Schuldgefühle auf tatsächlich vorhandene Tatbestände. Seine Eltern waren zur Zeit des „Dritten Reiches" aus der Kirche ausgetreten gewesen, er selbst war damals Jugendlicher und von den Eltern ebenfalls als ausgetreten gemeldet worden. Später, knapp vor Ausbruch seiner Psychose, trat der Wahnkranke wieder zum Katholizismus über, ließ sich allerdings später scheiden und war dann standesamtlich ein zweitesmal verheiratet. Die Werke seiner Schnitzkunst – oftmals religiöse Figuren, Christus- oder Engeldarstellungen – verkaufte er in seiner gesunden Zeit auf die übliche Weise. Die in den einzelnen Wahnphasen geäußerten Schuldgefühle bestanden neben anderen Wahnideen darin, daß er meinte, Schuld auf sich geladen zu haben, weil seine Eltern aus der Kirche ausgetreten seien und dies auch für ihn getan hatten, weil er damals erst vierzehn Jahre zählte. Er äußerte auch Schuldgefühle, weil er sich um seine Kinder nicht gekümmert hätte, doch traf dies in keiner

Weise zu. Er glaubte, schuldig geworden zu sein, weil er einen geschnitzten Herrgott verkauft hatte und durch den Verkauf seiner Schnitzwerke die Leute betrogen hätte. Er fühlte sich schuldig, die Menschen zuwenig geachtet zu haben, und er fühlte sich schuldig, weil seine Schwester – die damals tatsächlich eine große Erbschaft gemacht hatte – die Erbschaft nicht sofort für einen guten Zweck gestiftet hatte. Er erlebte sich als der ewig verdammte Sünder, der Jesus verraten hatte und nun im Jüngsten Gericht verurteilt und in die Hölle kommen werde. Als Sühne für seine Schuld lebte er nur mehr von Milch, spendete jeden Tag in der Kirche S 100,–, wollte damit der hungernden Menschheit helfen und andere zu gleichen Taten auffordern. Trotz dieser Sühnetaten erlebte er sich als ewig Verdammter, für den es keine Hoffnung mehr gab. Während solcher Zustände wurden von ihm auch wiederholt Selbstmordgedanken geäußert. Es ist bekannt[47]), daß in wahnbedingten Schulderlebnissen auch beim religiös gläubigen Menschen jede Hoffnung verschwinden kann, womit aber jedem religiösen Glauben der Boden entzogen wird. Auf diese Weise ist das Erlebnis der Accedia gegeben, jener Grenzsituation menschlichen Daseins, in der ein personales, seiner selbst bewußtes Ich die Teilhabe an einem existentiellen Sein zu verlieren im Begriffe ist.

Welche Ausmaße Schuldgefühle annehmen können, zeigen auch noch andere Beispiele, die die obengenannte Selbstverantwortlichkeit und Mitverantwortlichkeit zur Voraussetzung haben. So äußerte in einem Schuldwahn eine Patientin, daß sie ihrer Gewissensstimme nicht gefolgt und die Mitmenschen nicht zum Guten bekehrt habe oder daß diese Bekehrung mißlungen sei. Wieder eine andere Wahnkranke äußerte, daß sie die Schuld mit anderen nicht mitgetragen, deren Schuld nicht übernommen habe. Eine solche Kranke meinte z. B. ihr „Schuldig-geworden-Sein" sei so ungeheuerlich groß geworden, daß die ganze Menschheit nun den Tod erleiden müsse.

Diese Beispiele sollen nur versinnbildlichen, wie im eigenen Schulderleben die Schuld des anderen – auch der

Menschheit schlechthin – ins Unendliche vergrößert erlebt werden kann. Damit aber wird jene Grenzsituation erreicht, in der nur mehr der Tod als Lösung der Situation übrigzubleiben scheint.

Viel häufiger hören wir heute allerdings von Schuldgefühlen gegenüber irdischen Instanzen. So sollen nach Berichten aus Ostblockländern im Wahn Schuldgefühle hinsichtlich Nichterfüllung von geforderten Normwerten der sozialistischen Gesellschaft geäußert werden. Im Westen hören wir umgekehrt von Schuldgefühlen, weil man sich nicht genügend um die Familie gekümmert bzw. zu wenig für sie gesorgt habe, oder daß man in seiner Berufsarbeit Fehler gemacht habe. Indirekt kommt hier aber meist doch zum Ausdruck, daß man gegenüber den Mitmenschen schuldig geworden sei. So glaubte z. B. eine Sekretärin in ihrem Schuldwahn, daß sie schuld am Tod ihres Chefs sei, als dieser an Lungentuberkulose verstarb. Sie meinte, sie hätte die Schwere seiner Erkrankung rechtzeitig bemerken und als gute Sekretärin ihren Chef dahin bringen müssen, rechtzeitig einen Arzt aufzusuchen. Das Pech wollte es, daß einige Jahre später der zweite Chef derselben Sekretärin an einem Lungenkrebs starb. Wieder äußerte sie einen ähnlichen Schuldwahn und meinte, sie hätte es versäumt, den Chef rechtzeitig zum Arzt zu bringen; sie zeigte sich damals selbst bei der Polizei als Mörderin ihres Chefs an.

Nun spielen solche irdischen Instanzen wie Partei, Beruf, Mitmenschen usw. ohne Zweifel die Rolle von pseudorealen Instanzen. Für die Wahnkranken sind die genannten Instanzen ein „Letztes" oder „Oberstes", ein Symbol desselben in irdischer Gestalt. Es wird diesen Instanzen ein Wert zuerkannt, der mit materiellen Maßstäben nicht mehr gemessen werden kann. Insofern sind meiner Meinung nach solche Schuldgefühle ebenfalls als existentielle Schuldgefühle – wenn auch indirekt – anzusprechen.

Es zeigt sich demnach in Dichtung und Wahn, daß der Mensch der Schuld nicht entgehen kann, obgleich – oder gerade weil – er seine Verantwortung erkennt. In Grenzsituationen kann die Schuld so groß werden, daß nur der Tod als der einzige Ausweg übrigzubleiben scheint. Im Wahn können Schuldgefühle unvorstellbare Ausmaße annehmen, wenn sich nämlich der einzelne für die gesamte Menschheit oder für das All verantwortlich erlebt und sein Versagen erkennen muß. Dies ist aber Schuld im Vergrößerungsglas des Wahnes gesehen, denn in Wirklichkeit ist kein Mensch für alle Menschen verantwortlich. Der Wahn kann unter bestimmten Umständen jede Hoffnung nehmen und den früher bereits als Accedia bezeichneten Zustand herbeiführen. Es kann zum Zerbrechen des wahnhaft veränderten Selbst bzw. Ich kommen. In diesem Falle ist es die Aufgabe des Arztes, mit Hilfe moderner Psychopharmaka jene Veränderung im Wahn-Ich herbeizuführen, die für dieses Ich ein Hoffen – zumindest in Ansatzpunkten – wieder möglich macht.

Der Verlust der Freiheit

Der Begriff der menschlichen Freiheit als subjektives Erlebnis ist eng verknüpft mit dem Begriff des existentiellen Schuldgefühls und dem Begriff der Selbstverantwortlichkeit, wie aus dem vorhergehenden Abschnitt hervorgeht. „Notwendigkeit ist das Reich der Natur, Freiheit ist das Reich der Gnade", zitiert Wyrsch[123]) Schopenhauer. Die menschliche Freiheit wird hier als ein spontaner Akt verstanden, der außerhalb des in der Naturwissenschaft und Technik herrschenden Ursache-Wirkungs-Prinzipes steht und – um in den Worten der modernen Physik zu sprechen – als a-causal zu sehen ist. Und doch wird man mit dieser Umschreibung den Wesenskern menschlicher Freiheit nicht ganz erfassen. Freiheit wovon und wozu ist niemals fremdbestimmt, sie ist immer ein individueller Akt. Dieser Akt hat seinen Ursprung in dem seines Selbst bewußten Ich. Selbstbewußtsein bzw. Ichbewußtsein mit der Möglichkeit, retro- und prospektive

Anschauungen entwickeln zu können, ist Ausdruck der menschlichen Kultur, die schon vor vielen Jahrzehntausenden begonnen hat.

Am Beginn dieser Kultur steht der Ahnenkult als Ausgangspunkt aller Religionen. Freiheit wird hier demnach als ein der Welt der Werte entstammender Begriff, ja vielleicht als einer der obersten Begriffe überhaupt verstanden, ohne die eine kulturelle Entwicklung nie möglich gewesen wäre. Im theologischen Sinn verweist uns die Freiheit auf eine Transzendenz, das heißt ein Offen-sein des Menschen auf ein Gegenüber, auf Selbstverantwortlichkeit in Hinsicht auf dieses Gegenüber. Das Gegenüber ist aber nicht nur das Du der Menschheit, sondern ebenso auch das Du der ganzen Welt und dies in einem irdischen, ebenso aber in einem überirdischen Sinn. Dieses Offensein des Ich bedeutet eine zweifache Gegebenheit, nämlich ein Eingreifenkönnen wie auch ein Ergriffen-werden-Können des Ich. Sich seines Selbst bewußt sein, ein selbstbewußtes Ich zu haben, bedeutet, daß das Ich auch ein Gewissen hat, d. h. ein Wissen um allgemein anerkannte Wertnormen, die von diesem Ich auch verletzt werden und dieses Ich auch zum Schuldner machen können.

Der Kampf um die menschliche Freiheit ist so alt wie die Geschichte der Menschheit. Der Mensch verliert seine Freiheit umso mehr, je mehr er in der Masse Mensch untertaucht. Die große Menge der Menschen macht dies nicht so ungern, weil der Mensch als Teil der Masse keine eigene Verantwortung zu tragen braucht, keine Eigeninitiative aufbringen muß, weil dann immer jemand da ist, der für ihn denkt und für ihn handelt. Wäre dem nicht so, hätte es nie psychische Epidemien gegeben, nie politische Systeme vom Charakter einer Diktatur usw. Je näher die Menschen auf dieser Erde durch die Technik zueinanderrücken und je zahlreicher die Wege werden, um die Menschen global optisch, akustisch oder sonstwie ansprechen zu können, desto größer wird ohne Zweifel die Gefahr werden, den einzelnen Menschen als kleine oder auch große Gruppe manipulieren zu können. Es ist dann nur notwendig, daß sich ein irdisches Machtzentrum etabliert, um alle diese Möglichkeiten zu nützen, wodurch die personale Freiheit in oft sehr weitgehendem Ausmaß eingeschränkt wird. Leider wird dabei sehr oft die Bedrohung der personalen Freiheit vom Einzelindividuum kaum, in ungenügendem Ausmaß oder zu spät bemerkt.

Unser Jahrhundert ist reich an Erfahrungen solchen Freiheitsverlustes. Wieder lehrt das Leben – wie bei Leid und Schuld –, daß Freiheitsverlust desto besser und leichter ertragen wird, je mehr es von einer großen Menge von Menschen ertragen werden muß. Freiheitsverlust wird am schwersten ertragen, wenn er nur einzelne Menschen betrifft. Der völlige Verlust der Freiheit – selbst nichts mehr denken, tun und fühlen zu dürfen bzw. zu können – stellt ohne Zweifel eine Grenzsituation menschlichen Seins dar. Sie ist in ihrer Absolutheit kaum vorstellbar, wird uns aber doch von Dichtern und Denkern unseres Jahrhunderts geschildert und im Wahn erlebt.

Als ein Beispiel der modernen Literatur, die den völligen Freiheitsverlust zur Darstellung bringt, sei das Stück „Die Befristeten" von Elias Canetti[20]) genannt. Natürlich zeigt sich auch in diesem Stück nicht nur die eine Facette der Grenzsituation menschlichen Daseins, nämlich der Freiheitsverlust, sondern es werden hier mehrere Facetten der Grenzsituation gezeigt. Doch steht die Grenzsituation der Freiheit bzw. Unfreiheit im Vordergrund. Jener Augenblick des Menschen, der unbekannt bleibt und zeitlos ist, ist sein Tod. Die Menschen dieses Stückes tragen jeder als Namen eine Zahl, die ihr Todesalter darstellt, aber keiner kennt sein Geburtsdatum. Geburtsdatum und Todesdatum tragen sie alle in einer Kapsel bei sich, die sie aber nie öffnen dürfen. Diese Menschen fühlen sich durch diese Kapsel unfrei, weil das Gesetz bestimmt, daß sie dieselbe nicht öffnen dürfen. Und doch gibt gerade das Nichtwissen bzw. die Ungewißheit hinsichtlich der Zahl ihrer Lebensjahre ihnen die Freiheit zu leben, zu agieren, zu planen. Im Gespräch zwischen Großmutter und Enkelin wird deutlich, daß der, der „seinen Augenblick", d. h. sein Todesdatum weiß und ausspricht, sich im Raum- und Zeitgeschehen festnagelt und damit seine Freiheit verloren hat. Auch im Gespräch zwischen den beiden jungen Herren wird deutlich, daß völlige Gebundenheit und exakte Vorherbestimmung bedeutet, daß man damit auch seine Freiheit verloren hat. Es zeigt sich hier wieder die enge Verbundenheit der Begriffe Schuld und Freiheit. Wer seine Kapsel öffnet, hat seine Freiheit eingetauscht gegen die ihn nun ständig beherrschende Angst vor „seinem Augenblick", d. h. dem nun auch zeitlich festliegenden Tod. Selbst die Ermunterung, die Kapsel einfach wegzuwerfen – als man entdeckt, daß sie in Wirklichkeit leer ist –, erweist sich als keine neue Freiheit, kein Erreichen einer Ewigkeit, es bleibt ja das „Befristet-Sein" bestehen.

Im Roman „Ein neuer Morgen"[101]) von Gerhard Roth wird deutlich gemacht, daß es „die vollkommene Freiheit" im Leben des irdischen Menschen nicht gibt. Hier glaubt ein Mann, seinem Alltag mit den vielen Verpflichtungen, Notlügen und Einschränkungen der persönlichen Freiheit durch einen gelungenen Bankraub entkommen zu können. Er garantiert ihm scheinbar ein schönes Leben ohne Arbeit und mit schönen Frauen, die er wechselt, wie es ihm gerade paßt. Aber diese neue Freiheit wird zur ständigen Flucht vor seinen Verfolgern. Schließlich kann er auch seinen Leibwächtern nicht mehr trauen, und gerade jene Frau, die ihm mehr als nur Sex geboten hätte, verläßt ihn, als seine Verfolger tot sind.

Diese Romane zeigen, daß der Versuch, die vermeintliche vollkommene Freiheit mit irdischen Mitteln zu erreichen, nur zu größerer Unfreiheit führt. Wiederum ist es dem Wahn vorbehalten, uns das Schicksal des völligen Freiheitsverlustes drastisch vor Augen zu führen.

Auf die Tatsache des Freiheitsverlustes im Wahn hat schon 1825 ein deutscher Psychiater[44]) hingewiesen, als er schrieb: „Dauernde Unfreiheit und Vernunftlosigkeit, selbständig oder für sich, sogar bei scheinbarer leiblicher Gesundheit ... macht den vollständigen Begriff der Seelenstörung aus." Auch Wyrsch[123]) erzählt von einer schizophrenen Patientin, die er in seiner Vorlesung den Studenten vorstellte und die gar nichts an Wahnideen zu bieten schien, bis sie auf die Frage: „Ja, was fehle Ihnen denn nun wirklich?" kurz und bündig antwortet: „Die seelische Freiheit fehlt." Eine meiner Patientinnen sagt in ihrem Wahn nur scheinbar das Gegenteil, wenn sie äußert: „Ich habe nun die wahre und volle Freiheit erlangt"; sie schreckt nämlich vor diesem Erlebnis zurück, weil sie nun in dieser Freiheit „auch jedermann hätte töten können".

Dieses psychotische Freiheitserlebnis ist demnach zwar ein Freiheitserlebnis, aber wie in vielen anderen Wahnerlebnissen eines acausaler Natur, die Kausalität wird sozusagen überstiegen. In diesem psychotischen Freiheitserlebnis fehlt das Offensein hinsichtlich der verschiedenen Möglichkeiten des Sich-verhalten-Könnens. Es fehlt die Möglichkeit des Unterlassen-Könnens, des Wählen-Könnens, der freien Entscheidung. Diese im Wahn gegebene Verhaltensweise ist eben immer einbahnig und starr und hat daher schon im alten Rom dazu geführt, daß in der „Lex Corneliae" zu lesen stand, „daß nicht bestraft werden kann und nicht geschäftsfähig ist, wer von Furor ergriffen ist". Von H. Ey[28]) stammen die Sätze: „Psychiatrie ist die Pathologie der Freiheit" ... „Gäbe es keine menschliche Freiheit, so gäbe es keine Verrücktheit".

Nun soll die Grenzsituation des völligen Verlustes jeder persönlichen Freiheit anhand einer Wahnkranken veranschaulicht werden. Frau M. M., geboren am 17. 11. 1929, verheiratet mit einem gleichaltrigen Mann, der gerne dem Alkohol zusprach, kommt erstmals für kurze Zeit auf die Abteilung wegen eines ängstlichen Zustandsbildes, sie meinte damals, von ihrem Gatten eventuell mit Schlaftabletten vergiftet worden zu sein. Sie widerrief aber bald selbst diese Meinung. 1977 kam sie wegen eines sehr ausgeprägten Beeinflussungswahnes in ein anderes psychiatrisches Krankenhaus. Sie war seither in drei derartigen Krankenhäusern, ohne daß sich dieser Wahn wesentlich geändert hätte, er trat in diesen vier Jahren lediglich monatelang ohne ersichtliche äußere Ursache etwas in den Hintergrund. Die Patientin war aber insgesamt in diesem Zeitraum 2 1/2 Jahre vom Wahn zutiefst ergriffen gewesen. Während des ganzen Jahres 1981 war dies wiederum der Fall. Der Wahn bestand bei dieser Patientin darin, daß sie meinte, seit einer Injektion, die ihr ein Arzt im Jahre 1977 verabreichte, alles schreiben, denken und tun zu müssen, was dieser Arzt ihr anschaffe. Sie hatte zahllose Briefe geschrieben und erklärte dazu, es würde ihr dabei die Hand geführt, sie wüßte selbst nicht, was herauskäme, wenn ein Satz begonnen würde. Es sei weder ihre Schrift – in diesen Heften bzw. Büchern schreibt sie in Blockbuchstaben, im Gegensatz zu ihrer ganz anderen Handschrift, die aus früheren Heften hervorgeht –, noch sei es ihr Satzaufbau, vielmehr der, den jener ausländische Arzt spreche, der die deutsche Sprache mangelhaft beherrsche. All dies stimmt tatsächlich; der Arzt ist ein Ausländer, und die Patientin spricht üblicherweise ein völlig unauffälliges Deutsch. Der Inhalt ihrer Schriften ist immer der gleiche: Sie sei durch Laserstrahlen mittels eines Computers durch diesen Arzt gesteuert, er würde jede Hand- oder Körperbewegung veranlassen, er würde sie schreiben und handeln lassen, z. B. Frisieren, Einkaufen, usw. Sie nennt das „Mammographie", ohne daß sie wüßte, was dieses Wort eigentlich bedeutet. Auf die inneren Organe, auch auf den Unterleib, habe er keinen Einfluß, sagt sie, weil „die Funktion von Herz und Magen von selbst" und ohne ihr Mitwirken vor sich gehe. Sie fühle sich als eine Versuchsperson der Wissenschaft, lebe als computergesteuerter Mensch unter ständigem Einfluß eines Strahlenkegels. Das „Strahlenamt" in Wien werde ihr für diesen Versuch S 8 000 000,– bezahlen. Wiederholt betonte sie ihre völlige Hilflosigkeit. Sie würde alles in ihrem Leben dafür geben, wenn sie „wieder sie selber" sein könne. Sie habe ihre Freiheit vollständig verloren, es gäbe sie nicht mehr, sie sei nur mehr das Strahlenmodell des Doktor M.

44

Niemand glaube ihr aber, und sie habe auch keine handfesten Beweise, daß dem so sei, aber trotzdem ist es wahr. Sie werde auch ständig gefoltert, habe überall Schmerzen, und niemand helfe ihr. In Amerika sei einmal vor zwanzig Jahren ein solches Experiment gemacht worden – habe sie von Dr. M. gehört. Nun könne sie nichts mehr selber denken und fühlen. Dr. M. läßt sie auch schreiben, daß er die Ursache all dieser Erscheinungen sei und verspricht ihr immer wieder, daß es morgen oder in einer Woche oder in wenigen Stunden aufhören werde, doch bleibt es immer bei solchen leeren Versprechungen. Sie gibt in einer persönlichen Aussprache mit mir zu, daß sie immer wieder dasselbe schreiben müsse, in diesem Zustand sei es ihr wie „Zigarettenrauch vor ihren Augen". In diesen Schriften heißt es wörtlich! „Grete*) hat gegessen, gelitten, geputzt, gewaschen, eingekauft, gebadet ..." ... „Alles, was Dr. M. geschehen lassen will" ... „Schreibe ohne Gedanken nur mit dem Computer, ohne selber eine Ahnung zu haben" ... „Oberhirn ausgeschaltet, Stimme wurde gemacht" ... „Grete ist mit Computer eine Maschine, damit läßt sich alles bewegen: Zunge, Bauch, After, Augen, Beine, Finger ..." ... „Nirgends ist Hilfe, heute letzter Tag, jetzt für immer Schluß" (Dies ist ein Satz, der sich sehr oft wiederholt, desgleichen der Satz: „Mir ist fad"). Dann schreibt sie wieder: „Strahlenmodell wird aufgehoben für Vorführungen" ... „Kommt in die Zeitungen und ins Fernsehen" ... „Folter immer dabei". Auch solche Sätze wiederholen sich sehr oft und beziehen sich auf die von ihr berichteten Schmerzen. „Grete wird nie gefragt, er macht es einfach" ... „Kann keine Gespräche führen ohne Dr. M." ... „Ich kann mich nicht trennen von Schrift und Handlungen" ... „Für Grete furchtbar, ganze Persönlichkeit ist weg, damit auch das Aussehen ... Grete hat keine Chancen mehr" ... „Selbstmord leicht möglich, ich bin am Ende" ... „Grete schon herumgespielt" ... „Bitte, lieber Gott, erlöse mich, sagt betend Grete".

---

*) So hieß die Patientin mit Vornamen.

Es ist normalpsychologisch wohl kaum jene absolute Grenzsituation vorstellbar, in der man ausschließlich nur mehr ein Werkzeug ist, wie eine Maschine reagiert. Sie selbst hat diesen von mir herangezogenen und angebotenen Vergleich mit den Worten „Genauso ist es" gebilligt. Eine persönliche Freiheit des Vorstellens, des Denkens, des Handelns, aber auch des Freuens oder sich Bemitleidens usw. gibt es bei dieser Patienten nicht mehr.

Nicht immer muß im Wahn der personale Freiheitsverlust so vollkommen sein. Bei einem anderen Patienten, einem 33jährigen Kaufmann, war es im Wahn so, daß er von zwei Computern erzählte. Der riesige Computer lenkte seine Hirnzellen, und er mußte daher tun, was dieser wollte, er habe keine Freiheit mehr. Er sagte aber, es gäbe noch einen kleineren Computer, einen „Phantasiecomputer", hier „könne er selbst manchmal noch korrigierend eingreifen". Soweit man das verstehen konnte, dürfte er mit Eingreifen in den Phantasiecomputer seine teils von ihm, teilweise aber auch sonst beeinflußbare emotionale Befindlichkeit gemeint haben. Ein Rest seiner personalen Freiheit war noch übrig geblieben, wenngleich dieser Rest im Vergleich mit der Normal-Person sehr klein geworden war. Es scheint mir kein Zufall, daß jene Instanz, die ihm noch teilweise zur Verfügung stand, von ihm „Phantasiecomputer" genannt wurde, versteht man doch unter Phantasie spontane Einbildungskraft, Vorstellung, Imagination. Es ist ein schöpferischer Akt, der dem geistigen Geschehen angehört. Wir wissen, daß in Grenzsituationen – z. B. im Übergang vom Leben zum Tod –, wie Mainberger betont,[75]) Imaginationen geweckt werden können. Für die Grenzsituation des Wahns hat dies Navratil[85]) wiederholt betont. Der Imagination haftet die „Als-ob"-Struktur an, wie wir dies auch von der Mystik kennen. Diese „Als-ob"-Struktur der Erlebnisse, die nie echten konkreten Halluzinationen entsprechen, bezeichnen differenzierte Wahnkranke häufig mit den Worten „Es war mir so, als ob . . ." Ich habe seinerzeit[71]) auf den Unterschied dieser „Als-ob"-Erlebnisse im Vergleich mit toxischen Halluzinationen ausführlich hingewiesen.

Bei diesem zweiten Wahnkranken ist ein Stückchen seines geistigen Ich noch erhalten geblieben. Er hat es als „Phantasiecomputer" bezeichnet, den er gegenüber dem „riesigen Computer" einsetzte, der sein Ich auf das ärgste bedrohte und einengte, um es zu vernichten.

Freiheit ist ohne Zweifel eines der höchsten Güter der Menschheit, sie zeichnet allein den Menschen aus. Gerade in unserem Jahrhundert erscheint sie wieder in vielfacher Weise bedroht. Die Dichtkunst unserer Zeit zeigt uns, wie notwendig sie für das Dasein des Menschen ist. Es zeigt uns aber auch die dem irdischen Wesen gezogenen Grenzen der Freiheit. In der Grenzsituation des Wahnes wird uns wie in einem Brennspiegel gezeigt, wohin völliger Freiheitsverlust führen würde, nämlich zur Ent-menschlichung. Diese Entmenschlichung, dieser völlige Freiheitsverlust, ist aber auch fast immer mit tiefwurzelnder Angst verbunden. Es ist keine Furcht vor etwas, es ist auch keine Realangst, sondern eine mit Worten kaum erfaßbare Existentialangst. Schon Cicero hat darauf hingewiesen, daß das diametrale Gegenteil jener tiefen Angst und des völligen Freiheitsverlustes die Hoffnung ist. Man muß zur Kenntnis nehmen, daß im Wahn die Hoffnung nicht mehr gegeben sein kann. Es ist aber durch ärztliche Maßnahmen möglich, diesen furchtbaren Zustand zumindest so zu ändern, daß die Voraussetzungen eines Wieder-Hoffen-Könnens geschaffen werden und damit für den Wahnkranken sein Zustand wieder „menschlich" wird.

Der Verlust des Du (Gegenüber)

Die Grenzsituation des Verlustes des Du wie des Ich gebietet einleitend festzustellen, was hier unter Du und Ich verstanden wird.

Aus Gründen des besseren Verständnisses, aber auch aus

historischen Gründen scheint es zweckmäßig, zunächst den Begriff des Ich zu erläutern, weil sich daraus das Du von selbst ergibt. Zunächst gilt es festzuhalten, daß beide Begriffe ihre Existenz im Bewußtsein haben. Dieses Bewußtsein verweist ständig auf sich selbst und ermöglicht erst die Einheit und Personalität des Ich[107]). Nach Sartre ist Ich die notwendige Struktur des Bewußtseins, hier wird Sein zum Erscheinen (im Ich) und Erscheinen zum Sein, hier wird das große Eine sichtbar. Wenn man Sartre folgt, entstammt dieses Ich der Transzendenz, d. h. bei ihm, es offenbart sich in der Intuition, ist eine „creatio ex nihilo".

Ich kann allerdings Sartre nicht folgen, wenn er meint, das Ich verschwinde, sobald es in die Objekte der Welt versenkt ist. Dies deshalb, weil es meiner Meinung nach das Ich als ein geistiges Bewußtseinsfeld oder geistiges Wirkfeld allein gar nicht geben kann. Dieses Ich setzt nämlich immer zugleich ein Du voraus, das Ich liegt wie das Du in dem polaren Spannungsfeld dieser geistigen Wirkkräfte. Das Herauslassen des Ich aus diesem geistigen Wirkfeld ist eine Abstraktion, ist nur die eine Seite, während das Du die andere Seite dieses geistigen Wirkfeldes ist. Jedes für sich allein genommen, entspricht nicht dem Ganzen des geistigen Wirkfeldes. Gerade dieses Ganze – das anscheinend außerhalb meines Selbst liegt und mich zugleich mit dem Du verbindet – ist aber der Wesenskern.

Unter Du ist hier nicht nur ein bestimmter anderer Mensch gemeint mit seinem Leib und seiner Seele. Unter Du ist auch die bestimmte Gruppe gemeint, in der ich lebe, das soziale Umfeld, aber auch die Natur. Unter Du ist ferner auch jene in der Kultur überlieferte Welt der Werte und Sitten gemeint, die Vorstellungen von der Welt und von Gott, die das persönliche Leben des einzelnen Menschen seit je überdauerten.

Das Du wird damit zu einem allumfassenden Begriff, daher auch die Bezeichnung „Gegenüber". Gegenüber heißt demnach alles, was dem Ich gegenüber ist, oder mit anderen Worten: all das, worin das Ich eingebettet ist. Damit muß nochmals auf Sartre zurückgekommen werden, der in dem zitierten Essay vom Ich als von einer irrationalen Synthese der Aktivität und der Passivität, von Interiorität und Transzendenz sprach, was der hier vertretenen Ansicht von Du und Ich wieder sehr nahe kommt. Einem im Gegenüber eingebetteten Ich kann man nicht nur Aktivität zuerkennen, man muß ebenso Passivität annehmen, denn das Wesen liegt in der Wechselwirkung. So kennzeichnet er abschließend das Ich als Struktur des absoluten Bewußtseins, das aber zugleich ein mit der Welt Existierendes sei.

Ein Du oder Gegenüber in dem oben bezeichneten Sinn gibt es daher nur, wenn auch ein Ich vorhanden ist, es sind zwei Pole ein und derselben Gegebenheit.

Das Du-Ich ist wie Leid, Schuld und Freiheit nur dem Menschen eigen. Der Verlust des Du stellt daher eine Grenzsituation des Menschen dar. In diesem Abschnitt sollen diesbezügliche Betrachtungen vom Blickwinkel des Verlustes des Du angestellt werden; im nächsten Kapitel vom Blickwinkel des Verlustes des Ich.

In der Entwicklung der Menschheit war das Du nicht vom Anfang an gegeben. Dies kann man auch heute noch an der Entwicklung des Säuglings und Kleinkindes beobachten. So konnte z. B. Jean Piagét[90]) aufzeigen, daß der Säugling weder sich selbst wahrnimmt noch das Gegenüber als ein strukturiertes Ganzes mit zeitlicher Abfolge und Kausalität. Nach Piagét bildet sich das Ich erst allmählich, gleichzeitig wird damit aus einem Chaos ein Gegenüber mit permanenter Objektivität. In der Entstehung des Ich ordnet es sich selbst in eine stabile Welt ein, die als unabhängig von der eigenen Aktivität verstanden wird.

R. A. Spitz[111]) konnte schwerste Veränderungen im Aufbau einer Ich-Du-Beziehung bei Kindern zeigen, bei denen in der zweiten Hälfte des ersten Lebensjahres eine völlige Trennung von der Mutter oder einer anderen Bezugsperson erfolgte. Diese Säuglinge zeigten grobe Verhaltensstörungen im Sinne einer Kontaktunfähigkeit. Interaktionen waren

49

kaum mehr möglich, sie wirkten stupurös bzw. autistisch. So zeigte sich an der Wegnahme eines Du in der ersten Entwicklungsphase gleichzeitig eine schwere Verstümmelung der Ichentwicklung.

Was das Du für das Ich des Menschen bedeutet, kann aber ebenso überzeugend an der Entwicklung menschlicher Kulturen nachgewiesen werden. Es soll hiefür auf Jean Gebser[35]) verwiesen werden, der die Teilhabe des Menschen am Ganzen in den Entwicklungsstufen menschlicher Kulturen aufzuzeigen versuchte; er unterscheidet die magische, mythische und mentale Stufe. Auf der magischen Stufe, die als prae-rational anzusehen ist, herrschen Instinkt, Trieb und Gefühle vor. Bruchstückhaft beginnt sich ein Gegenüber zu bilden, und der Mensch versucht durch Zauber und Beschwörung Herr dieses Gegenüber zu werden. Erst auf der mythischen Stufe gibt es die Ich-werdung und auf dem Umweg über das Erwachen zu sich selbst erwacht auch das Du und in dem Du die ganze Welt. Im mythischen Zeitalter entsteht die Polarität nicht nur von Ich und Du, sondern auch von Säule (Phallus) und Schiff (Gebärmutter), jede Seefahrt ist ein Zu-sich-selber-Finden und das Erleben eines Gegenüber[35]). Zwischen den Polen Du – Ich, das Spannungsfeld derselben darstellend, ist jenes Ich, das man auch als den menschlichen Geist bezeichnet hat. Diese Problematik hat Martin Buber[17]) in seinen Schriften besonders deutlich gemacht. Dort heißt es: „Geist in seiner menschlichen Kundgebung ist Antwort des Menschen (Ich) auf sein Du." An anderer Stelle heißt es: „Das Du begegnet mir. Ich trete in eine unmittelbare Beziehung zu ihm. So ist diese Beziehung Erwählt-Werden und Erwählen, Passion und Aktion in einem." „Ich werde am Du." Buber spricht davon, daß jedes Kunstwerk in seinem Wesen sich nur dem Schauenden erschließt, eine Ich-Du-Beziehung voraussetzt. Schauen ist hier gemeint als ein sich in das Du (oder Kunstwerk) Versenken, darüber Meditieren, nicht aber logisches Erklären oder Herstellung einer Kausalität.

Wie Leid, Schuld und Freiheit nur dem Menschen eigentümlich sind, so ist es auch mit seinem Du. Der Verlust des Du stellt demnach eine weitere echte Grenzsituation des Menschen dar, weil ein Ich ohne Du eine nicht vorstellbare Situation ergibt. Jeder Teilverlust des Du stellt deshalb eine schwere Beeinträchtigung auch meines Ich dar.

Die Dichtkunst beschreibt auf ihre Weise, was es bedeutet, das Du zu verlieren. Rainer Maria Rilke hat in seiner zweiten Duineser Elegie indirekt auf die Gefahren hingewiesen, in die sich der moderne Mensch begibt, wenn er dauernd an der Wirklichkeit eines Gegenübers vorbeigeht.[33]) Wirklichkeit wird dem Menschen nur in dem Umgang mit dem Anderen zuteil, nur in fortgesetzten Augenblicken kommt der Mensch zum Anderen. Der Mensch muß in Worten, Werken, Taten seinem Gegenüber dienen, nur so ist er wirklich. Der moderne Mensch aber, der nur dem Selbstgenuß lebt, einer wahllosen Erotik huldigt und sich in herzlose Einsamkeit begibt, droht sein Ich zu verlieren, weil er auch kein Du mehr hat.

Franz Kafka[56]) hat in seiner Erzählung „Die Verwandlung" an der Figur des Gregor darzustellen versucht, was es bedeutet, sein Gegenüber zu verlieren. Gregor fühlt sich plötzlich als Käfer und benimmt sich auch so. Dies bedeutet für ihn ein Abgeschnittensein von allen seinen bisherigen Bezügen und Zielen, sein mitmenschlicher Kontakt ist auf das schwerste betroffen. Gregor versteht sein Gegenüber nicht mehr, und es versteht ihn nicht mehr. Niemand weiß mit ihm etwas anzufangen.

Der auch psychiatrisch sehr interessierte Arzt und Schriftsteller Gottfried Benn[7]) beschreibt in seinem Roman „Gehirne" in der Figur des Rönne einen Menschen, der zumindest im ständigen Zwiespalt zwischen Ich und Natur (was hier dem Gegenüber entspricht) steht. Schließlich stößt Rönnes Ich an seine Grenzen. Wörtlich heißt es dort: „Er ist keinem Ding mehr gegenüber, er hat keine Macht mehr über den Raum, lag fast ununterbrochen und rührte sich kaum" ... „Nun lebe ich auf einem Kristall". Aus diesem Roman geht hervor, daß Rönne in diesem Zustand nicht nur den Raum, sondern auch die Zeit verloren hat, etwas, worauf von mir in einem späteren Kapitel noch eingegangen werden wird (siehe Seite 70). Die Auflösung der Beziehung Ich und Natur in der Figur des Rönne führt zu jener Grenzsituation, die Benn als „Leben im Kristall" bezeichnet. Ähnliche Zustände wurden in der Psychiatrie bereits als „Petrifikation" (= Versteinerung) bezeichnet, ein Zustand, bei dem aus einem früher Lebendigen, verbunden mit ständigem Werden und Vergehen, nun etwas Starres, Irreversibles geworden ist, dem jede Freiheit und Flexibilität verloren gegangen ist.

Noch besser wird vielleicht das Erlebnis des weitgehenden Versagens des Aufbaues einer Ich-Du-Beziehung in dem Roman „Der Räuber" von Robert Walser[117]) geschildert. In dieser Autobiographie wird beschrieben, wie es ist, wenn man kein Du hat, bzw. wie immer wieder fehlschlagende Versuche, ein solches auszubauen, zur Isolation führen müssen. Dieses bruchstückhafte Gegenüber wird dann bestenfalls als Feind erlebt. So bleibt die Hauptfigur in diesem Roman selbst ewig unfertig, unreif, erlebt sich als „Pseudo-".

In der Psychiatrie können wir einen Verlust des Du bei sehr tiefen Depressionen beobachten, wie dies z. B. bei wahnbildenden Melancholien der Fall sein kann. Dieser Verlust des Du ist allerdings fast immer vorübergehender Natur und betrifft bis dahin unauffällige Persönlichkeitsstrukturen. Dem seiner Beziehung zu einem Du entblößten Ich wird daher oft sein Leben sinnlos erscheinen. Solche Menschen sind daher erhöht selbstmordgefährdet. Ich habe erstmals 1961 und ergänzend später[67], [68], [69]) dieses Verlust- oder Lossein-Syndrom bei Depressionen beschrieben. Es wurde auf dieses Syndrom von mir deshalb besonders hingewiesen, weil es beim Vergleich psycho-pathologischer Bilder schwerer Depressionen in den letzten hundert Jahren ebenso konstant nachweisbar war wie im transkulturellen Bereich, zumindest soweit es den indo-germanischen Sprachraum betrifft.

Der Verlust des Gegenüber zeigt sich in diesem Los-sein-

Syndrom auf allen möglichen Ebenen. Hier seien nur die wichtigsten genannt, die Ich und Gegenüber beim Gesunden verbinden. Es gibt eine rein körperliche Ebene, die sich im Los-sein-Syndrom als Verlust von Appetit, Gewicht, Schlaf, sexuellem Verlangen usw. bemerkbar macht. Auf dem emotionellen Sektor verbinden das Ich nun nicht mehr Freude und Interesse mit seinem Gegenüber, es zeigt ihm gegenüber keinerlei Willensanstrengung mehr, keine Pläne und Ziele, sich oder das Du bzw. Gegenüber irgendwie ändern oder beeinflussen zu wollen. Es kommen keine Einfälle mehr, die Betroffenen werden apathisch-stumpf, ratlos, oft aber auch innerlich ruhelos, ohne eine bestimmte Richtung oder Gewichtung diesbezüglich erkennen zu lassen. Schließlich führen tiefe Depressionen auch dazu, jedes Selbstvertrauen oder Vertrauen in ein Du zu verlieren. Dies trifft auch für den religiösen Glauben gerade bei tiefreligiösen Menschen in der Depression zu, wie G. Hole[47]) zeigen konnte. Von einem Werdeverlust des Ich in der tiefen Depression sprach schon seinerzeit V. v. Gebsattel[36]). Er meinte damit, daß das Ich, das ständig an dem Du seines Gegenüber wird, nicht mehr werden kann, weil eben das Du verloren ist. Das Ich in der tiefen Depression hat nur mehr die unveränderliche Vergangenheit, aber kein Werden mehr in der Zukunft, es ist als Ich erstarrt, deshalb kann in solchen wahnhaften Depressionen auch die Zeit stille stehen, worauf noch später einzugehen sein wird. Soweit ich die Literatur übersehe, wurde 1621 erstmals von dem Engländer R. Burton[18]) der Verlust als das zentrale Symptom aller Melancholien beschrieben.

Im folgenden sollen zwei Krankengeschichten wiedergegeben werden, die diese Grenzsituation des Verlustes des Du bzw. Gegenüber erkennen lassen.

Eine 64 Jahre alte Bankangestellte kam 1963 erstmals in unsere Behandlung und gab damals als Vorgeschichte – die von ihrer Schwester ergänzt wurde – an, sie habe ihre erste Depression mit 19 Jahren gehabt, eine zweite Depression mit 31 Jahren, eine dritte mit 59 Jahren, diese war allerdings durch den Tod des Gatten ausgelöst worden. Bei der vierten

Depression, die ohne ersichtliche Ursache aufgetreten war, zeigte sich folgendes Bild, das sich bei einer weiteren depressiven Phase sechs Jahre später wiederholte: Sie meinte, die Leute und ihre Wohnung seien „anders". Dieses „anders" bezeichnete sie in vielen stereotypen Klagen als „unwirklich", nicht existent, als „gemacht". So waren die Häuser von Linz, die man vom Krankenhausfenster aus sah, nur „aufgestellte Attrappen". Auch die Beziehung zu ihrem Körper war verlorengegangen: „Die Leitung vom Kopf zu meinen Händen ist kaputt". Gleiches äußerte sie betreffend der Beziehung zu ihrer Seele: Man habe „ihr Herz aufgesaugt", sie „habe kein Gefühl mehr". Ihr Herz sei „wie Eis", das „Vertrauen sei bei ihr abgestellt". Alles erschien ihr unheimlich. In ihrem nihilistischen und pessimistischen Wahn glaubte sie immer, daß man sie langsam auf qualvolle Weise umbringen werde und wünschte sich gleichzeitig ständig einen schmerzlosen Tod. Sie glaubte auch, daß „wir alle auf einen abgestellten Planeten hinaufgeschupft seien", die „Sonne besteht nur aus Todesstrahlen", „alle Menschen werden seit je lebendig begraben", „die Welt steht still, und es wächst nichts mehr" ... „Die ewige Dunkelheit ist angebrochen, wir sind außerhalb des Weltraumes und müssen alle verhungern" ... „Die Luft ist nur ein Kunstgas".

Dies sind nur einige Beispiele ihres tiefen melancholischen Wahns. Zwischen der 4. und 5. Phase sagte sie uns, sie könne sich nicht vorstellen, wieso sie in ihrer Krankheit solche Meinungen von sich geben konnte. Der Verlust eines Du, eines Gegenüber wirkte sich demnach bei dieser Patientin in erster Linie dahingehend aus, daß sie alles als unwirklich erlebte. Sie sprach auch davon, daß wir alle nur Geister seien, die auf dem abgestellten Planeten nicht sterben könnten, weil alles still stehe. Es war also nicht nur das Gegenüber, sondern genauso ihr eigenes Ich von diesem inneren Erlebnis eines Nicht-Seins betroffen, das mit unvorstellbaren Qualen einherging und nur den stereotypen Wunsch hervorbrachte, sterben zu können; was freilich so viel heißt wie wieder leben zu können.

54

Sterben stellt eben ein Geschehen, einen Ablauf dar, der in ungezählten Ereignissen abläuft. Wenn alles stille steht und weder man selbst noch das Gegenüber wirklich ist, ist auch das Sterben nicht möglich. Deshalb äußerte sie ständig den Wunsch, sterben zu können, und wußte doch zugleich, daß er nicht erfüllbar sei.

Etwas anders stellte sich das psychopathologische Bild eines Verlustes allen Gegenübers bei einem 16jährigen Schüler in seinem ersten schizophrenen Schub dar. Er zeigte das Bild eines nihilistischen Wahns mit aggressiven Tendenzen. Es begann Monate vor der Einlieferung zu uns damit, daß er zunehmend den Kontakt zur Umwelt verlor, was Elternhaus und Schule im gleichen Ausmaß betraf. Aus seinem Tagebuch ging hervor, daß er „die schönste Zeit des Jahres (Sommer) für immer versäumt habe", er schaue „immer gerne in den Westen, wo Himmel und Erde sich zu untrennbarem Schwarz vereinigen". Aus seinen spontanen Zeichnungen ergibt sich ein Schauder erweckender Pessimismus. Er zeichnete Hände oder Füße, die aus der Erde ragten, aufgehängte Menschen oder nur Kreuze. Er erzählte, wie es „ohne Halt und Bindung mit mir bergabgegangen ist". Schließlich kommt es zum Verlust jedweder Beziehung zu einem Gegenüber, gleich welcher Art. Er sagte damals auch wörtlich: „Das Nichts und die Langeweile senken sich immer tiefer auf mich herab." „Wie ein Bleimantel beginnen sich fast lückenlos die letzten Öffnungen zu schließen" ... „Es ist wie in einem Sarg, die einzig sinnvolle Handlung ist der Selbstmord." Schließlich schreibt er: „Meine Augen sind verbunden, ich rieche nichts mehr." In seinem Tagebuch trägt er die Zeit seines (nicht realen) Todes ein und schreibt dazu: „Halleluja, welch befreiendes Gefühl." Aus Tagebuchaufzeichnungen und Gesprächen mit ihm in dieser Zeit geht auch hervor, daß er „überall nur Mauern und Ketten sehe" und „langsam aber sicher immer mehr von allem ausgeschlossen sei". Selbst an seine Mutter zu denken, gelingt ihm nicht mehr, wie aus einer Aufzeichnung am Muttertag in seinem Tagebuch hervorgeht.

Rilke, Benn und die anderen zeigen, welche trostlose Einsamkeit die Grenzsituation des Verlustes eines Du bzw. Gegenüber darstellt. Jeder Mensch im Alter leidet – wenn auch in viel geringerem Ausmaß – an diesem mit jedem Jahr zunehmenden Verlust des Gegenüber, was bekanntlich nicht nur durch das Absterben der eigenen Altersgeneration bedingt ist, sondern auch dadurch, daß dem alten Menschen das Gegenüber durch eigene Alterungsvorgänge zunehmend nicht mehr zur Verfügung steht. Walser zeigt in seinem autobiographischen Roman die erhebliche Einbuße an Ichentwicklung, wenn ein Du von Anbeginn der Entwicklung eines eigenen Ich an fehlt. Wir wissen heute durch zahllose psychiatrische, psychologische und soziologische Studien, welch ungeheure Bedeutung eine Bezugsperson in früher Kindheit für das Ich hat und was das Fehlen einer Identifikationsmöglichkeit für die Reifung einer Person bedeutet.

Im Wahn wird dieser Verlust eines Du bzw. eines Gegenüber zu einer eisigen Weltraumkälte, in der jede Ich-Du-Beziehung erstarrt und damit unwirklich wird und selbst ein irdischer Tod ersehnt, aber entsprechend der erlebten Grenzsituation unmöglich ist. Nur vor Erreichung einer solchen Grenzsituation kann Selbstmord diesen Zustand verhindern bzw. nicht auftreten lassen.

Wieder muß es ärztliche Aufgabe sein, einen sich anbahnenden Verlust des Gegenüber rechtzeitig zu erkennen. Es gilt dann medikamentös und psychotherapeutisch in diesem Ich das in der Realität doch immer vorhandene Du bzw. Gegenüber wieder lebendiger werden zu lassen. Die Geriatrie weiß von der großen Bedeutung eines Du in der Behandlung der Altersdepression. Von besonderer Bedeutung ist allerdings der Verlust des Du im melancholischen Wahn, weil diese Form des Wahns keine Zukunft für das eigene Ich kennt, daher auch keine Hoffnung mehr haben kann, daß es je anders sein wird. Man stößt hier wieder auf das Bild der Accedia. Bei solchen Wahnkranken wird eingreifende medikamentöse Behandlung notwendig werden, um ihnen die Möglichkeit zu geben, wieder „wirklich zu werden", „Leben zu haben" und damit auch wieder Hoffnung zu haben, sich in einem Gegenüber finden zu können.

Der Tod des Ich

Wie in den vorhergehenden Kapiteln schon ausgeführt, gibt es kein Ich als Einheit für sich. Es gibt nur das Ich-Du oder Ich-Gegenüber. Hier soll über den Verlust des Ich innerhalb des polaren Spannungsfeldes vom Blickwinkel des Ich aus berichtet werden. Piagét[90]) konnte zeigen, daß wie das Du auch das Ich sich erst allmählich entwickelt. Wie der Säugling sich noch nicht selbst wahrnehmen kann, noch kein Ich hat, so erlebt er ebensowenig ein Gegenüber als ein von ihm getrenntes anderes. Mutter und Säugling bilden zumindest in den ersten sechs Monaten eine ungeteilte Einheit. Auch die Kulturgeschichte der Menschheit zeigt uns das allmähliche Auftreten bzw. die Entwicklung des Ich im Sinne eines Selbstbewußtseins, wenn wir z. B. den Ausführungen von Jean Gebser[35]) folgen. Es ist die magische Zeit, in der das Ich noch in der Sonne war und doch – wie aus dem folgenden Ritual hervorgeht –, der Mensch nicht nur ein Mithandelnder, sondern auch ein für sich Handelnder war. Es wird dort nämlich das Ritual erwähnt, bei dem mit dem ersten Sonnenstrahl ein in den Sand gezeichnetes Tier mittels eines Pfeiles von ihm getötet wurde. Aber auch in der Narißmythologie werden erste Zeichen eines „Seiner-selbst-bewußt-Werdens" erwähnt, wenn nämlich der Mensch sich selber im Spiegel des Wassers erkennt. Nach J. C. Eccles[24]) waren in der Geschichte der Menschheit für die ersten Zeichen des Selbst-Bewußtseins und damit einer Ichentwicklung jene Funde bedeutsam, die auf einen Gräberkult hinweisen. Nach Mircea Eliade[27]) soll das in den Gräbern Chinas gefundene Ocker bedeuten, daß der Tote in irgendeiner Form noch weiter existiert. Ocker soll damals als ritueller Blutersatz

– Symbol des Lebens – gedient haben.

Ein Ich, wie wir es uns heute in unserer individualistischen Gesellschaft vorstellen, gab es damals allerdings noch nicht. Das Ich war damals viel enger mit dem Du bzw. Gegenüber verbunden und erlebte dieses Gegenüber unter bestimmten äußeren Umständen als Besessenheit. E. Bourguignon[15]) hat anhand ihrer transkulturellen Studien darauf hingewiesen, daß selbst heute noch bei einer Gesamtzahl von 488 erfaßten Personen aus dem afrikanischen, mediterranen, osteurasischen, pazifischen sowie nord- und südamerikanischen Raum Ausnahmezustände des Ich in Form von Besessenheit oder Trance bis zu 90% vorgebracht werden. Sie unterschied bereits zwei große Gruppen, nämlich Besessenheit und Trance. Hier wird deutlich, daß im ersten Fall das Ich an eine im Gegenüber liegende Instanz verlorenzugehen droht, während im zweiten Fall das Ich selbst sich in den Zustand eines zweiten Ich wandelt – allerdings oft mit Hilfe außenliegender Instanzen oder Techniken.

Dieser kurze Rückblick auf die Ichwerdung in seinem Verhältnis zu einem Gegenüber erscheint mir bedeutungsvoll, wenn man die letzten 7000 Jahre der Menschheitsentwicklung berücksichtigt. In dieser Zeit, in der es erstmals Hochkulturen gab, wurde zunächst das seines Selbst bewußte Ich immer noch als ein Werkzeug guter oder böser Geister, Götter oder Dämonen angesehen bzw. war dieses Ich engst mit diesen verbunden. Hilfe bei Besessenheit in Form einer Austreibung war daher lebensnotwendig. Es änderte sich aber diese grundsätzliche Anschauung vor ca. 2500 Jahren, der Zeit der Sophisten. Der Mensch wurde nun erstmals als ein selbstverantwortliches und damit schuldbeladenes Wesen erkannt. Äußerer Ausdruck dessen war z. B. die Inschrift des dem Apoll geweihten Tempels in Delphi, die lautet: „Erkenne dich selbst". Dies hieß nichts anderes, als daß man nicht mehr bei Göttern oder Dämonen, sondern bei sich selbst die Ursache seines Versagens, aber auch seines eigenen Leidens zu suchen hatte, die Schuld nicht mehr bei Dämonen, sondern beim eigenen Ich anzunehmen war. Es ist sicher kein Zufall, daß die Besessenheit gegenüber der Trance in den mediterranen Kulturen der letzten beiden Jahrtausende seltener geworden ist, als dies auch heute noch im afrikanischen oder pazifischen Raum der Fall ist.

Dieses seines Selbst bewußte Ich kann man sich noch am ehesten als eine wirkende Kraft vorstellen, es ist etwas Immaterielles. Man sollte es sich als ein offenes System vorstellen wie ein Feuer, das Materie und Energie austauscht, wie K. R. Popper[95]) sagt. Dieses Ich bleibt in seiner Integrität unser ganzes Leben lang erhalten. Es ist immer unser gleiches Ich durch die ganzen Jahrzehnte unseres Lebens, auch wenn Teile unseres Körpers oder Funktionen unserer Sinne verlorengehen oder Organe eingepflanzt werden. Es bleibt unser gleiches Ich. Die Geisteskraft des Menschen ist an das Ich gebunden bzw. stellt sie dar. Daher können auch große geistige Leistungen dieses Ich nicht physikalisch erklärt werden, sie wurzeln eben im Geistigen. Popper erwähnt in diesem Zusammenhang Heraklit, der bereits sagte, daß Geist eine Essenz nichtmaterieller Art sei, der Idee verwandt.

Die Geschichte der Menschheit lehrt uns, daß zwischen diesem seines Selbst bewußten Ich – das von Dichtern so oft als die Seele besungen wurde – und dem Körper des Menschen seit Jahrtausenden unterschieden wurde. So zeigen die Abbildungen der Bestattungsriten der alten Ägypter, wie das Ich in der Gestalt eines Vogels aus dem Munde des Toten entweicht. Der Vogel entweicht nicht zufällig aus dem Mund, denn aus ihm kommt die Sprache, das äußere Zeichen menschlichen Geistes. Gemäß den Totenbüchern hat man damals den Verstorbenen Mund und Augen geöffnet, damit sie in der Unterwelt weiterleben können. Im Gegensatz dazu werden im Abendland dem Verstorbenen die Augen geschlossen, weil der Blick – in dem oft mehr Aussage liegt als im Wort – starr geworden, erloschen, der Geist des Verstorbenen aus dem Körper entwichen ist. Er hat „sein Leben ausgehaucht", heißt, daß die Seele den Körper verlassen hat. Aus alten Mythen geht immer wieder hervor, daß durch den leiblichen Tod der ontologische Status des Menschen sich ändert, er auf seine geistige Existenz beschränkt wird, worauf z. B. auch M. Eliade[26]) hinweist.

Ähnliche Vorstellungen gibt es auch heute noch in Südamerika sowie in China, wie uns die transkulturelle Psychiatrie lehrt. So kann das Ich, das dort häufig auch als Seele bezeichnet wird, im Schlaf durch Geister oder durch Schreck geraubt werden. Daraus entstehen Vorstellungen über die Seelenwanderung sowie Bestrebungen, die Seele wieder einfangen zu müssen. Auch dort sind Wiederaufnahme sozialer Kontakte sowie Wiederherstellung des Selbstvertrauens und Hilfe zu einer Sinnfindung im Leben notwendig[115]). Auch die Vorstellung von der Wiedergeburt bzw. Auferstehung basiert letzten Endes auf einer nicht biologisch zu denkenden Geburt des neuen Ich. Der körperliche Tod ist nichts anderes als eine Initiation, eine Einführung in eine neue Seinsweise[26]). Eine ekstatische Vorwegnahme des körperlichen Todes kann man nicht nur bei den Schamanen beobachten. Auch bei den Novizen katholischer Orden wird symbolhaft heute noch dieser „körperliche" Tod durch Bedekken des am Boden Liegenden mit einem schwarzen Tuch und Wiedererweckung im Geiste in Form einer rituellen Handlung bei der endgültigen Aufnahme in den Orden praktiziert.

Es sei darauf hingewiesen, daß man auch jetzt noch sehen kann, daß der Begriff des Ich, des seines Selbst bewußten Ich, beim Kleinkind nicht ganz verwirklicht ist. Ein Beispiel hiefür wäre, wenn es z. B. sagt: „Hans hat Haus gebaut" anstatt „Ich habe ein Haus gebaut" usw. Und wenn man die japanische Sprache diesbezüglich betrachtet, wird man wieder bemerken, daß es dort überhaupt kein „Ich" in unserem Sinne gibt, vielmehr immer das zwischen Ich und Du sich Ereignende in Worten ausgedrückt wird.

Dieses unser Ich gehört zu den selbstverständlichsten Dingen unseres Alltages, besteht es doch, solange wir uns an die eigene Lebensgeschichte erinnern können. Es verläßt uns auch im Traume nicht, und wir sind sicher, daß wir es bis an unser leibliches Ende haben werden. Was nachher ist, darüber geben uns die Religionen Auskunft. Es ist aber jedermann bekannt, wie das geistige Ich unserer Vorfahren und verstorbenen Freunde in uns weiterlebt, wie unser eigenes geistiges Ich in unseren Nachkommen weiterleben wird. Die geistigen Schöpfungen vieler sogenannter „großer Menschen" der Vergangenheit stellen durch ihre Werke unser Kulturgut dar. Die Schöpfer der Religionen leben in dem Glauben der Menschen weiter, die diesen Religionen angehören.

Da der Mensch seit seiner Frühzeit Teil des anderen war, ist dem Todesereignis immer schon eine besondere Bedeutung zugekommen. Wyss[124]) weist darauf hin, daß das Erlebnis des Todes jenes totale Anderssein ist, das auch den Beobachter selbst in Frage stellt. Da der Mensch immer schon Teil des anderen war, wird im Tod des anderen die Transzendenz geboren.

Den Verlust des Ich, der eigenen Identität in der modernen Dichtkunst aufzuspüren, ist nicht ganz leicht. Vielleicht kann man aber „Die kahle Sängerin" von Eugéne Ionescu[51]) hierher rechnen. In diesem Jugendstück hat der Autor versucht, bis zu den äußersten Grenzen der Alltagssprache vorzudringen, um an der Grenze des Umschlagens das Ungewöhnliche zu gewinnen. Das Ungewöhnliche wird hier dargestellt an einem Ehepaar (Smith und Martin), das seine eigene Identität verloren hat.

J. Teboul[113]) beschreibt in seiner Hölderlin-Schilderung, wie Hölderlin sich selbst als „sich bereits als tot fühlend" und „nicht mehr der Zeit angehörend" in einem solchen Zustand erlebte. Es heißt dort: „Siehe, da geht ein wunderbarer Schauer mir durch die Glieder, und leise rief ich mir das Schreckenswort ‚lebendiger Toter' zu!"

Man kann hier die enge Verbundenheit des Todes des eigenen Ich mit dem Verlust der Zeit ersehen. Diese Perspektive wird in einem späteren Kapitel noch abgehandelt (siehe Seite 70).

Nun wird allgemein angenommen, daß Hölderlin an

einem Wahn erkrankt war (wahrscheinlich war es eine Schizophrenie), so daß diese Dichterworte zu den Beobachtungen über den Tod des Ich im Wahn überleiten könnten. Es soll aber vorher noch auf ein literarisches Thema hingewiesen werden, das sich unter Umständen mit dem Tod des geistigen Ich befaßt. Ich meine das Thema der Rolle des „Doppelgängers". Es wurde oft in der Literatur behandelt und nicht immer bedeutet es den vorausgeahnten oder den kommenden Tod des Ich. Es trifft dies z. B. nicht bei dem Doppelgänger von Dürrenmatt zu.

Sehr anschaulich wird die Doppelgängerrolle als ein vorausgeahnter Tod des Ich aber in der Novelle „Der Doppelgänger" von Dostojewski geschildert[23a]). Es wird hier der Doppelgänger in der Person des Goljädkin behandelt. Dostojewski – selbst sehr wahrscheinlich Epileptiker gewesen – schildert in jener Person und seinem Doppelgänger kein dem schizophrenen Wahn ähnliches Erlebnis, wie man es bei Hölderlin annehmen kann. Bei Dostojewski ist es vielmehr so, daß nach einem Goljädkin schwer enttäuschenden und ihn blamierenden Erlebnis sich die Figur des Doppelgängers „nicht bloß vernichtet, ... sondern selbständig und buchstäblich erschlagen – erschlagen und tot" fühlte, obgleich er noch die Fähigkeit des Laufens behielt. Nun taucht dann der Doppelgänger des Goljädkin auf, der jene negativen Charaktereigenschaften des Goljädkin besitzt, die er selbst bei sich nicht zugibt.

Der Doppelgänger stellt hier das überlebende, vitalere Doppelbild seiner selbst dar, das ihn ständig zu vernichten droht. Das Erlebnis des Sterbens wie auch das der Wiedergeburt ist in der Psychopathologie des Epileptikers bekannt, so daß man das Doppelgängererlebnis als das drohende Erlebnis des Todes des geistigen Ich auffassen kann.

Zahlreich sind die Beobachtungen über den Tod des Ich im Wahn. Dies mag damit zusammenhängen, daß es beim Wahnkranken, womit hier vor allem die Schizophrenie gemeint ist, zu einer Persönlichkeitsspaltung kommt, was ja auch mit dem Wort Schizophrenie zum Ausdruck kommt.

Im Gegensatz zu den fast unzähligen Persönlichkeitsvarianten wird eine Persönlichkeitsspaltung nur bei der Schizophrenie beobachtet. Durch die Eigenart der bei solchen Kranken vorliegenden Situation kann das Ich hier beobachten, wie es z. B. Teil einer anderen Person geworden ist oder umgekehrt eine andere Person sich in ihm festgesetzt hat, in ihm wirkt. Dadurch kann es im Wahn auch leichter etwas erleben, was der Geistesgesunde kaum erleben kann; das ist der Tod des eigenen Ich. Vielleicht sind deshalb Berichte in der Literatur darüber so selten, wenn man von Hölderlin einerseits und Dostojewski andererseits absieht.

Es gibt mehrere Vorstellungen über das Zustandekommen des Erlebens des Todes des eigenen Ich. Die eine Vorstellung basiert letzten Endes darauf, das Auftreten einer derartigen Wahnvorstellung logisch-kausal erklären zu wollen. So meint R. D. Laing[63]), der Wahnkranke äußere solche Ideen, weil er nicht so sei, wie er sich der Umwelt gegenüber gibt. Er gibt sich anders – nämlich tot oder nicht seiend –, weil er damit sein verwundbares Anders-sein glaubt besser verbergen zu können. Mir scheint aber die Annahme eines logischen, zielbewußten Denkprozesses als ein dem Wahn zugrunde liegendes Geschehen unrichtig. Wahn kann man nicht erklären, bestenfalls verstehen, wie schon früher ausgeführt wurde.

Auch der Erklärungsversuch des Ichzerfalls bzw. Ichverlustes im Wahn als Folge der Unmöglichkeit, innere und äußere Reize zu einer tragfähigen Ichstruktur zu organisieren – wie dies Benedetti[6]) tut –, erscheint mir als eine auf dem Kausalitätsprinzip basierende Vorstellung unrichtig, sie bleibt dem eigentlichen Wahngeschehen wesensfremd. Aus dem gleichen Grunde erscheinen mir auch viele psychoanalytische Erklärungsversuche am Wesen des Wahneinfalls vorbeizugehen.

Viel näher kommt Müller-Suur[84]) der Wahnidee bzw. dem Wahneinfall „Ich bin tot" oder „Ich war tot", wenn er dieses Ereignis mit dem Ergebnis einer meditativen Versenkung z. B. in den Gedanken „Ich bin ich" vergleicht. Ich kannte einen Priester, der in seinem Wahn immer denken mußte „Ich bin ich", weil er ständig fürchtete, sein Ich zu verlieren. Hier ist zwar das Denken-Müssen „Ich bin ich" eine logische Folge des gefürchteten Verlustes des Ich, aber woher und warum die plötzliche Angst vor dem Ichverlust auftrat, kann logisch nicht erklärt werden. Es ist in der Psychiatrie bekannt, daß im Wahn Logisches und Alogisches nebeneinander auftritt. Der von Müller-Suur erwähnte Versuch einer Innenschau kann verglichen werden mit anderen Zuständen einer meditativen Schau, z. B. der mystischen Ekstase, in der das Ich in der Unendlichkeit des Alls aufgeht. Es ist hier allerdings kein erlebter Tod des Ich vorhanden, vielmehr eine Wandlung des Ich, und das gewandelte Ich kehrt in die Endlichkeit des Lebens zurück. Ich bin auf diese Ähnlichkeit, aber auch Verschiedenheit von Wahn und Ekstase seinerzeit näher eingegangen[71]).

Nun sollen einige Beispiele eigener Beobachtungen vom Tod des Ich im Wahn und diesbezügliche Berichte in der psychiatrischen Literatur geboten werden. Anschließend seien einige Bemerkungen angeführt, die dem Verstehen solcher Erlebnisse als einer Grenzsituation menschlichen Da-Seins dienen sollen.

Eine 16jährige Schülerin erzählte bei ihrem Aufenthalt wegen eines erstmalig aufgetretenen Schubes einer wahnbildenden Psychose im Jahre 1973, daß ihr „früheres Ich verschwunden sei", daß sie das „wahre Ich, ihr neues Ich nun gefunden habe". Sie erklärte dies so, daß ihr geistiger Vater Gott sei, ihre Eltern stellen nur den leiblichen Vater bzw. die leibliche Mutter dar. Sie befand sich damals in einer überaus glücklichen Gemütsverfassung, die aber nur wenige Tage anhielt. Dann kam es zu einer gegenteiligen depressiven Verstimmung, und sie hielt sich für innerlich tot, für nicht mehr „wirklich". Sie meinte, sie sei wie eine Maschine, sie „lebe nur theoretisch". Von ihrem Gewissen sagte sie spontan, „es sei tot". Mit Gewissen meinte sie damals ihr Wissen um Gott, Wahrheit, Liebe usw. Sie hatte ihr „wahres Selbst verloren", weil sie mit all dem sehr verbunden gewesen sei, aber dies nun vorbei sei. Nach monatelanger Behandlung kam es zu einer weitgehenden Remission. In einem drei Jahre später aufgetretenen Schub erzählte sie von der Wiedergeburt ihres wahren Ich. Nun könne sie den Menschen den richtigen Weg zeigen.

Eine Patientin mit einer chronisch schizophrenen Psychose, die zum Zeitpunkt der Untersuchung bereits dreizehn Jahre bestand, war immer noch von Wahnideen erfüllt und erzählte unter anderem, daß sie kein richtiger Mensch sei, vielmehr eine Zauberpuppe. Sie habe „eingesetzte Augen", habe immer nur Holzaugen gehabt. Sie „sterbe dauernd", sei auch schon im Grab gewesen, wo sie „mit anderen Toten geredet habe". Dieser Zustand sei ewig, sie verändere sich nicht. Sie sei ein Geist und habe schon „auf anderen Planeten gelebt".

Es wird demnach hier eine Ich-Veränderung beschrieben, die dem Verlust eines wirklichen, lebendigen Ich gleichkommt. Dieses andere Ich befindet sich nicht mehr im Zustand des Werdens, es ist ein ewiger Zustand, der unter anderem als „Geist" bezeichnet wird, ein Begriff, den man von vielen Wahnkranken mit ähnlichen Zuständen oft hören kann.

Ein 36jähriger Priester, der schon früher einige psychotische Phasen hatte, erzählte bei seiner Aufnahme 1978, daß er gekommen sei, „weil ihm sei, als ob er sich selbst verloren habe". Er redete dann wiederholt von einem „amorphen Zustand", wobei er meinte, daß er sich seiner selbst nicht mehr bewußt sei, er mußte immer darauf achten, sich nicht in seinem Gesprächspartner oder in den jeweils gegenüber befindlichen Objekten zu verlieren. Er sagte auch einmal, daß amorph heiße, daß eben nichts mehr konkret sei, weder er selbst noch sein Gegenüber. Auch hier wird wieder die Grenzsituation des Verlustes des eigenen konkreten Ich und damit eng verbunden auch der Welt, die üblicherweise jedes Ich hat, geschildert. Es ist dies eine Grenzsituation, die der Auflösung des Ich gleichkommt.

Im folgenden seien nun kurz Wahnideen wiedergegeben, die im wesentlichen den Tod des eigenen Ich zum Ausdruck brachten:

Eine 51jährige Hausfrau glaubte, „ihr Herz (Seele) einfangen zu müssen", sie hatte ständig Angst, „daß es ihr weghüpfen würde", „ihr Geist sei bereits auf dem Mond".

Eine 24jährige Hausfrau erlebte beim Blick in den Spiegel plötzlich, daß sie nicht sie selber sei. Und als ihr Mann und Kind in den Spiegel blickten, waren auch diese nicht ihr Mann und ihr Kind. Wegen der Angst, sich selbst verlieren zu können, um so mehr, als auch ihre Sprache nicht mehr ihre eigenen Worte waren, kam sie auf unsere Abteilung.

Ein einfacher 49jähriger Hilfsarbeiter äußerte bei seinen mehrmaligen Aufnahmen immer wieder, „er sei tot", „alles sei leer", „es rühre sich nichts mehr", „er sei innerlich ohne Leben".

Schließlich berichtet ein Student in seiner ersten akuten Krankheitsphase, daß er „auf sein früheres Ich herabschaue", das „tausend Jahre weit weg sei". Später berichtete er, daß er sein Ich nicht verloren habe, „aber es sei ganz zusammengeschrumpft", und er habe daher keinerlei Kraft mehr.

J. E. Meyer[79]) berichtet von ähnlichen Beispielen aus dem klinischen Alltag, wenn z. B. ein Wahnkranker sagt: „Meine Seele ist tot", oder: „Mein Ich ist ganz verschwunden". Er zitiert eine analoge Beobachtung V. v. Gebsattels: „Ich bin die Leere, und darum bin ich nicht. Der Tod wäre leichter, aber der Tod existiert nicht als Tod, sondern weil ich tot bin, brauche ich nicht den Begriff des Todes, ich bin ja der Tod." Auch J. E. Meyer, der Gebsattel zitiert, betont die Plötzlichkeit des Auftretens solcher Wahnideen, wie ich dies in allen meinen Fällen als plötzliche Wahneinfälle sah. K. Planansky[91]) und Johnston konnten bei 205 Schizophrenen in 15 Fällen nihilistische Wahnideen, nicht zu existieren (not being), beobachten. Es heißt dort, sie hatten ihre Identität verloren, ihr „Herz sei tot" oder „Ich bin tot und Du bist lebend mit mir in einem Sarg". Diese Autoren zitieren M. Cotard, der bereits 1882 bei einem Melancholiker die Wahnidee der Vernichtung des eigenen Seins bzw. der eigenen Existenz beobachtete. Janz[48]) berichtete 1964 von einer 29jährigen Patientin, die ihre Auflösung in das Nichts im Wahn erlebte und diesen Zustand als ewig empfand. Sie sagte: „Ich hatte das Gefühl, von einer unsichtbaren Macht in Atome aufgelöst zu werden. Ich mußte stellvertretend für die ganze Menschheit die Sünde der Atomspaltung büßen. Alle Menschen waren durch den Atomkrieg in Atome aufgesplittert. Ich flog als Atom zum Mond. Die Strafe, die mir Gott zudachte, bestand darin, daß ich dort völlig einsam war. Meine Freunde und Bekannten waren in alle Welt versprengt. . . . Ich glaubte, in der Ewigkeit zu sein. Denn alle Uhren standen still . . .“

Ein durch 50 Jahre wegen Schizophrenie internierter Poet beschrieb in seiner Autobiographie[74]) den Tod des eigenen Ich sehr beeindruckend: „Die sind nicht tot, die in den Gräbern liegen, wo alles in Staub und Asche zerfällt. Ihre Seelen leben in anderen Menschen oder sind zu den Wolken aufgestiegen, aber wir, deren Seelen zerstört worden sind durch furchtbare äußere Umstände, wir unterscheiden uns sehr von allen anderen, denn wir sind wirklich tot.“

Nun darf man nicht glauben, daß die Überzeugung, selbst tot zu sein, obgleich man spricht, ißt, schläft usw. nur im Wahn vorkommt. Ich habe 1949 drei Fälle von Hirnverletzungen des letzten Weltkrieges beschrieben[70]), von denen der Bericht und die fast ein Jahr dauernde Beobachtung eines 20jährigen Studenten durch mich in einem diesbezüglichen Sonderlazarett von besonderer Bedeutung zu sein scheint. Er hatte eine winzige Splitterverletzung am Hinterhaupt erlitten. Nach den neurologischen und röntgenologischen Befunden war der Weg des winzigen Splitters von der rechten Kleinhirnhälfte zur lateralen Brückenhaube gegangen, wo er einen winzigen Contusionsherd in der Gegend des linken siebten Gesichtsnervenkernes verursacht haben dürfte. Drei Monate nach der Besserung des zunächst sehr schweren cerebellaren Bildes, das Stehen und Gehen infolge der Gleichgewichtsstörungen unmöglich machte und ihn daher an das Bett fesselte, äußerte er bei einer Visite – so als ob es selbstverständlich wäre –, daß er tot sei. Er meinte damals und in der Folgezeit, daß auch die Kriegskameraden und Bettnachbarn, die Schwestern und Ärzte – so auch ich – tot seien. Er selbst führe tief unter der Erde ein „Scheindasein". Die Gestirne, die durch eine Öffnung zu ihm herabschauen würden wie die Sonne, „seien wirklich", gab er auf die diesbezügliche Frage meinerseits zu. Im Laufe der Monate dauernden Rückbildung des cerebellaren Bildes wurde zunächst der Umgebung Wirklichkeit zugesprochen, bis er schließlich auch das eigene Selbst wieder als lebendig empfand.

Es entsteht die Frage, wie es zum Tod des eigenen Ich, zur Auflösung desselben, zum Nicht-Sein des Ich kommen kann, sei es im Wahn, sei es bei einer Hirnverletzung. Die Tatsache, daß dies bei lebendigem Leib und Erhaltung der körperlichen Funktionen wie Schlafen, Essen und Motorik erfolgt, zeigt eindeutig auf, daß dieses Ich zwar mittels des Körpers üblicherweise in Erscheinung tritt, aber auch ohne Körper existiert. Dies geht soweit, daß sogar die Sprache beim Tod des Ich noch vorhanden ist, obgleich sie dann als die Sprache des toten Ich eines Geister-Ich oder auch als die Sprache einer ewig-währenden Wiedergeburt bezeichnet wird. Die Sprache ist Ausdruck menschlichen Geistes. Und so wie vor ungezählten Jahrtausenden sich in der Geschichte der Menschheit Ichbewußtsein und Todesbewußtsein entwickelt haben, so kann in Grenzsituationen menschlichen Da-Seins – insbesondere im Wahn, der eine besondere Grenzsituation darstellt – das eigene Ich auch als ein Tod des geistigen Ich erlebt werden. Man muß dabei immer bedenken, daß es ein Ich allein ebensowenig gibt wie ein Du bzw. Gegenüber allein, sondern nur jenes polare Spannungsfeld, jene wirkende Kraft, die im seines Selbst bewußten Ich erstmalig beim Menschen in Erscheinung getreten ist. Diese wirkende Kraft, die sich in der Ich-Du-Relation dokumentiert, kann in der Grenzsituation als tot erlebt werden, wobei es mehr von äußeren Dingen abhängt, ob wir in diesem Ereignis das Du oder das Ich in den Vordergrund der Betrachtung rücken.

Wesentlich ist hier, daß sich der Mensch in seiner Ich-Du- bzw. Ich-Gegenüber-Relation als ein geistiges Wirkungsfeld bewußt wurde. Die Ich-Du-Beziehung ist jene Form des geistigen Daseins, die uns vom ewigen Sein etwas erahnen läßt, ohne es wirklich ergreifen oder gar besitzen zu können. Diese Form eines Daseins kann uns in der Grenzsituation jene eigentümliche Veränderung erfahren lassen, die als tot, aufgelöst, nichtseiend in der sprachlich sicher schwer wiederzugebenden Weise seinen Ausdruck findet.

Der Tod des Ich bzw. Du im Wahn läßt sich etymologisch auch recht gut veranschaulichen an dem japanischen Wort für Schizophrenie – letzteres als Prototyp einer Wahnkrankheit genommen. B. Kimura[58] machte darauf aufmerksam, daß Schizophrenie in japanischer Sprache Kichigai heißt. Dabei bedeutet die Silbe Ki soviel wie Anteil haben an dem großen, allen gemeinsamen, universalen, ubiquitären Ki. Die Silbe Chigai heißt unnatürlich. Kichigai würde demnach heißen, daß die Teilhabe an dem großen, allen gemeinsamen Ki unnatürlich geworden ist. Von diesem Verlust der Natürlichkeit und Ursprünglichkeit im Verhalten des Wahnkranken hat auch W. Blankenburg[11] gesprochen – allerdings in einem anderen Zusammenhang.

Diese Ausführungen sollten dazu dienen, den Tod des Ich und auch den Tod des Du eventuell zu verstehen, erklären kann man ihn nicht. Vielleicht kann man sich unter dem Ausdruck eines meiner Wahnkranken mit ausgeprägten nihilistischen Ideen etwas vorstellen, der einmal sagte: „Ich habe eben geistig Selbstmord begangen." Auch bei Laing[62] lesen wir: „Sie habe ihr Selbst gemordet" ... „Sie habe ihr Selbst verloren" bzw. „Es wurde mir geraubt". Dies heißt wahrscheinlich, daß das Ich-Du ausgelöscht sei oder dies selbst getan hat.

Der Tod des Ich im Wahn kann vom Geistesgesunden nur von der Seite der Ich-Wandlung vergleichsweise verstanden bzw. erahnt werden. Es ist die Wiedergeburt eines neuen Ich. Der Tod des Ich zeigt uns mit ganz besonderer Deutlichkeit die Problematik allen geistigen Geschehens, das Wagnis, das darin liegt. Es kann nicht immer gelingen. Es ist aber andererseits in der Geschichte der menschlichen Kultur schon Unendliches in dieser Hinsicht vollbracht worden. Mut, Vertrauen und Hoffnung haben Großes bewirkt. Die negative Seite, nämlich der Tod des Ich im Wahn, muß aber auch zur Kenntnis genommen werden.

Es braucht kaum betont zu werden, daß es für den Geistesgesunden ein besonderes Anliegen sein muß, sich jener Menschen anzunehmen, die ihr geistiges Ich verloren zu haben glauben.

Die Aufhebung der Zeit

Beim Begriff der Zeit muß man von einer Voraussetzung ausgehen, die auch das Gegenteil in sich enthält, und dieses Gegenteil heißt Ewigkeit. Es ist wie mit den beiden Begriffen Leben und Tod. Zeit und Ewigkeit sind wie Leben und Tod als polare Gegensätze einer einzigen Einheit – dem großen Einen – aufzufassen. Ein linearer Zeitbegriff mit einer kausalen Abfolge des Geschehens entspricht nur einem winzigen Teilaspekt, der das Ganze, das große Eine nicht erkennen läßt, das auch in dem Begriff der Zeit steckt. Brumbaugh[16] hat darauf hingewiesen, daß Zeit kein einzelnes homogenes Ding ist und daß man auch kein identisches Ding hiefür finden kann. Er zitiert Plato, der in einem Gespräch zu Parmenides sagte: „Zeit ist nichts und Zeit ist jedes Ding."

Wir wollen uns hier mit der ge- und er-lebten Zeit des Menschen befassen, wie sie Pauleikhoff[88] ausführlich behandelt hat. Zeit zu erleben ist dem Säugling noch nicht möglich. Denn zum Erlebnis der Zeit ist das Bewußtsein seines Selbst notwendig; die Bildung eines Ich ist die Voraus-

setzung des Zeitbewußtseins. Erst wenn das Ich gegeben ist und ein Vorher und ein Nachher erlebt wird, entsteht ein erstes Zeitbewußtsein. Das Ich ist hier der ruhende Pol, das Ich ist immer dasselbe. Diesem Ich gegenüber rollt das Geschehen im Du, aber auch das Geschehen am bzw. im eigenen Körper und der eigenen Seele ab. Das Verstecken des Gesichts hinter der eigenen Hand beim Kind im 2. Lebensjahr ist nach Piagét[90]) ein erstes Beispiel für erlebte Zeitlichkeit. Nun lehrt die ärztliche Erfahrung, daß diese gesund erlebte Zeit sich im Alter allmählich einem Stillstand nähert. Fast alles ist für den alten Menschen schon einmal dagewesen. Die Zeit verrinnt nicht mehr so rasch wie in der Jugend, es bleibt alles immer mehr bei einem Status quo. Im Alter schrumpft die Erwartung in Richtung neuer Gegebenheiten in der Zukunft, und so versucht der alte Mensch zunächst das in seinem Gegenüber und in seinen Taten zu festigen, was nach seinem Tode eventuell über das Diesseits hinaus in Zeitlosigkeit bleiben kann. Die Zeit bedeutet im Sinne von Zeitgeschehen und Zeitabläufen im Alter immer weniger. So darf es daher nicht wundern, wenn der alte Mensch weder sein genaues Alter noch das genaue Datum angeben kann. Er ist allmählich immer mehr der Zeit entrückt. Der alte Mensch wird schließlich – sofern er es erlebt – einem hilflosen Kleinkind gleich, für das es eine Zeit im Sinne von Zeitabläufen nicht mehr gibt. J. Amery[3]) schreibt, in welcher Weise der alte Mensch in der Gesellschaft als unangenehm, un-schön, un-tüchtig erlebt wird, was mehr oder weniger seiner Ver-nichtung gleichkommt. Dies heißt, daß der alte Mensch die Zeichen des Nichts bereits in sich trägt, daß ihn niemand mehr versteht. Im Nicht-Sein gibt es aber keine Zeit mehr. Schließlich sagt man ja auch vom verstorbenen alten Menschen: „Er hat das Zeitliche gesegnet."
Auch in der Kulturgeschichte der Menschheit können wir die Entwicklung des Zeitbegriffes verfolgen. Auf der magischen Stufe kannte der Mensch noch kein Zeitbewußtsein, es war die Vor-Zeit des Menschen, wie Jean Gebser[35]) ausführte. Er lebte ungeschieden in einer großen Einheit; In-

stinkte, Triebe, Gefühle beherrschten sein Leben. Gebser meint, daß selbst die Antike noch in mancher Hinsicht zeitblind war. Allerdings läßt Aischylos[1] bereits Prometheus – den Feuerbringer am Beginn der Menschheit – sagen: „Unaufgeschlossen lag des Denkens Hort in ihnen. Ich aber tat ihn auf, ich lehrte Maß und Zeit, ließ messen der Gestirne Lauf, die Stunden merken, die zwischen Auf- und Niedergang stets gleich verfließen. Den Menschen zeigte ich den Sinn der heiligen Zahl und schuf das Wort mit Buchstab' wohlgefügt an Buchstab'. Was ich gelehrt, ward der Erinnerung anvertraut, der Mutter aller Musen." Zeit im heutigen Sinn soll nach Gebser erst zugleich mit der Entdeckung der Perspektive in der Kunst dem Menschen voll und ganz zu Bewußtsein gekommen sein. Es war ungefähr jene Zeitepoche, als die erste öffentliche Uhr 1283 in Westminster aufgestellt wurde.

Wenn man sich mit der Vorstellung von der Aufhebung der Zeit befassen will, muß man zumindest einen Blick zurück in die Geistesgeschichte machen und dabei von der Einheit Zeit-Ewigkeit ausgehen – so paradox dies im ersten Augenblick auch klingen mag. Plotin[93] schreibt: „Die Zeit ist in der Ewigkeit ... Die Welt ist in der Zeit." Dies heißt, daß sich menschliches Da-Sein in der Zeit ereignet. Die Zeit selbst ist aber in der Ewigkeit geborgen, wobei man wieder auf Brumbaugh zurückgreifen könnte, der von der Zeit als von etwas Rundem sprach, von einem Kreis, aber niemals von einer Geraden. Damit wäre die Zeit in der Ewigkeit aufgehoben. Bei Plotin wird die Ewigkeit als die reine Gegenwart des transzendenten Seins dargestellt, wobei Ewigkeit auch als Strukturprinzip des Geistes bezeichnet wird. Nach ihm muß „Ist" und „Jetzt" als entzeitlicht gedacht werden, was soviel heißt, als daß „Ist" und „Jetzt" als zeitlos und damit als ewig anzusprechen sind. Ist (lat. est) bedeutet sein. Der Glaube konstituiert dieses est = esse. Es kann nur transzendental gedacht werden[45].

Der Sinn der menschlichen Existenz erfüllt sich erst in jenem zeitlosen Augenblick der Existenz oder Einung, in dem

Da-Sein und Denken in das Sein des Ursprunges aufzugehen scheinen.

Auch K. Rahner[97]) schreibt in seinen theologischen Bemerkungen zum Zeitbegriff, daß der Mensch einerseits sich als geschichtliches, verantwortungsvolles Freiheitswesen erfährt, der in der Zeit mit seinem irreversiblen Richtungssinn existiert, daß es aber andererseits eine Zeit der Gnade gibt. Diese Zeit der Gnade – auch als Fülle der Zeit bezeichnet – ist eine einmalige, bevorzugte Zeit, ein „Nur jetzt und sonst nicht". Dies würde bedeuten – wenn ich K. Rahner recht verstehe –, daß in diesem „Jetzt" auch der lebendige Mensch bereits etwas von der Ewigkeit erfahren kann. Diese ewige Gegenwart als heilige Wirklichkeit wird z. B. in kultischen Festen als eine Rückkehr zur Nicht-Zeit gefeiert. Wenn man diesen Anschauungen folgt, ist allerdings der Tag des Jüngsten Gerichtes kein Tag im Sinne unseres Alltages. Es ist vielmehr das „Ist", das ewig stattfindet. Daher würde das Jüngste Gericht immer, d. h. auch jetzt in uns selbst stattfinden.

Das Zeitalter der Naturwissenschaften und der Technik ist auf Zahl und Berechnung angewiesen, somit gründet alle Erfindung auf der Zeit. Dem steht aber die Dichtung gegenüber, die nach Jünger[52]) aus einem zeitlosen Sein kommt. Die Meditation löscht die Zeit aus. Dies entspricht auch den Äußerungen großer Mystiker. So singt Angelus Silesius[109]) (1624 – 1677) im „Cherubinischen Wandersmann": „Ich selbst bin Ewigkeit, wenn ich die Zeit verlasse und mich in Gott und Gott in mich zusammenfasse." Aber auch die gegenüber Schüttler[106]) gegebenen Berichte großer Zenmeister über ihre Satori-Erlebnisse lauten ähnlich. In der mystischen Ekstase ist die Zeit aufgehoben. Jeder von uns kann auch heute Zeitlosigkeit erleben, wenn er an seine Träume denkt. Im Traum gibt es neben zeitlicher Abfolge auch jenes „zugleich", das anders gesagt bedeutet, daß die Reihenfolge der Traumbilder oft keine Kausalität erkennen läßt; Traumbilder können gegeneinander ausgetauscht werden, das Dargestellte bleibt immer das Eine. Aber auch vom Tagesbewußtsein kennen wir den Spruch „Dem Glücklichen schlägt keine Stunde", was soviel heißt wie Zeitlosigkeit.

Die aufgehobene Zeit geht sogar auch aus den Vorstellungen der modernen Physik hervor, derzufolge Zeit eine Funktion der Bewegung ist. Sich mit Lichtgeschwindigkeit zu bewegen heißt, daß die Zeit aufgehoben ist.

Die Dichtkunst hat sehr anschaulich die Aufhebung der Zeit beschrieben. J. W. v. Goethe etwa schrieb in der ersten Strophe seines Vermächtnisses im Alter:

„Im Grenzlosen sich zu finden
wird gern der Einzelne verschwinden
da löst sich aller Überdruß
statt heißen Wünschen, wildem Wollen
statt läst'gem Fordern, strengem Wollen
sich aufzugeben ist Genuß[83])."

Wer erinnert sich da nicht an die Erlebnisse, wie sie in der mystischen Ekstase geschildert werden? Es ist so, daß nur der Mensch dem Augenblick Dauer verleihen kann. Nur er ist fähig, in begnadeten Augenblicken Ewigkeit zu erfahren. In etwas anderer Form äußerte sich Friedrich Schiller[102]) zum Zeitbegriff, wenn er in seinem Prolog zu Wallensteins Lager (1798) sagt:

„Wer den Besten seiner Zeit genug getan,
der hat gelebt für alle Zeiten."

Dem menschlichen Geist ist es demnach möglich, durch die Art und Weise seines irdischen Daseins gegebenenfalls die Zeit zu überwinden. Es ist vor allem die Liebe, die die Zeit besiegt. Dies kommt in den Worten eines mir unbekannten Dichters so zum Ausdruck:

„Was wir bergen in den Särgen, ist der Erde Kleid,
Was wir lieben, ist geblieben bis in alle Ewigkeit."

Rainer Maria Rilke[99]) schildert in seiner achten Duineser Elegie die Aufhebung des Zeiterlebnisses. Bei einem Vogelruf ging das Unendliche vertraulich in ihn über. Er erlebte die große Einheit, in der es kein Diesseits und kein Jenseits gab, es war eine „offene Welt". Mit dem „Offen" ist gemeint ein Nirgends ohne Nicht, ohne Hier und Dort. Wer ins Unendliche offen ist, erlebt die Zeitlosigkeit.

Eine Erlösung von der Zeit beschreibt auch Peter Handke[40]): „Im Straßengraben war eine Wasserlacke, in der die Wolken zogen und der blaue Himmel war. Ein paar Schneeflocken fielen in die Wasserlacke und trieben auf ihr, ohne zu zerschmelzen. Die Zeit verging auf einmal nicht mehr. Im Traume erlebte ich das als Erlösung." Die Erlösung ist hier eine Erlösung von der Zeit, in der Werden und Sterben, Not und Pein liegen. Die Erlösung von der Zeit bedeutet hier Ewigkeit.

D. H. Lawrence[65]) läßt die hier beschriebene Grenzsituation in den Erlebnissen des Liebespaares Will und Anna nacherleben. Dort heißt es: „In den ehelichen Umarmungen war etwas Ewiges (in den ersten Wochen der Ehe)" und etwas später: „Alles war eben ein Augenblick, alles Frühere war ausgelöscht, er war mit ihr in der Finsternis begraben" ... „Innen im Raum war eine tiefe Stetigkeit, das innerste Mark lebendiger Ewigkeit" ... „Hier im Zentrum war das große Rad bewegungslos ... hier herrschte ausgewogene schwebende Ruhe, der Zeit entzogen, denn sie blieb immer gleich."

Aber auch später erleben sie beim Anblick der Kathedrale von Lincoln dasselbe „Fern der Zeit" ... „die Unsterblichkeit, die sie enthält". Die steinernen Strebepfeiler sind für Will Zeichen der Umarmung und Einswerdung bis in die zeitlose Ekstase.

Der zeitlose Augenblick wird von jedem erlebt, der mit der körperlichen Vereinigung auch in dem geistigen Ich des geliebten Du aufgeht – in gegenseitiger völliger Hingabe. Marcel Proust[96]) hat in seiner verlorenen und wiedergefundenen Zeit über diese Freiheit von der Zeit ausführlich berichtet.

Keine künstlerische oder andersartige Schöpfung, die auf einem intuitiven Akt beruht, kennt den Zeitbegriff. Dem Schöpfungsakt ist der Begriff der Zeit fremd, sowohl als ein ablaufendes Geschehen, weil er immer nur als eines erlebt wird, wie auch als sein zeitungebundenes Ergebnis. Nicht zufällig spricht man von zeitloser Schönheit oder Vollendung.

Beim Wahnkranken ist die Störung der ge- und erlebten Zeit seit langem bekannt. V. v. Gebsattel[36] hat auf den Werdensverlust des Ich im melancholischen Wahn hingewiesen. Ein solches Ich kennt kein Werden in eine Zukunft hinein, kein Hoffen, kein Erwarten. Das melancholische Ich ist erstarrt, die Zeit steht still. Auch die Vergangenheit ist eingeengt in einem negativen Aspekt und erstarrt, weil Gutes und Böses der eigenen erlebten Zeit nicht mehr gegeneinander abgewogen werden können bzw. nur das Negative der eigenen Vergangenheit gesehen werden kann.

Minkowski[80] betont, daß im Wahn das dem Gesunden selbstverständliche Vorausschreiten und Entfalten seines Ich in die Zukunft verlorengegangen ist. Es gelingt nicht mehr, Vergangenes, Gegenwärtiges und Zukünftiges zu verbinden, es gibt kein Werden mehr, die allem Lebendigen zugrundeliegende Bewegung ist erloschen. Die Zeit steht still. Auf den Verlust des Zeitgefühles und dem damit verbundenen Freiheitsverlust im Wahn wurde auch von japanischer Seite (Koshika)[60] hingewiesen.

In Aufzeichnungen über eine Reihe meiner Patienten (Wahnkranke) finden sich ebenfalls Äußerungen über den Verlust oder das Stillestehen der Zeit, über das Erleben der Ewigkeit oder eine ewige Wiedergeburt.

So berichtet eine seit ihrem 19. Lebensjahr an rezidivierender tiefer Depression leidende Patientin in ihrem melancholischen Wahn, „daß nichts mehr wachse, die Welt stillesteht, sie sei auf einem abgestellten Planeten" ... „nichts mehr ist wirklich" ... „alle sind seit je lebendig begraben". Gerade in diesem letzten Satz wird deutlich, daß sie damit nicht nur ihr eigenes Ich, sondern auch jedes Ich-Du meint, das für immer, also ewig – tot ist. Jedes körperliche Geschehen, Werden und Vergehen biologischer Abläufe existiert für diesen Menschen im Wahn nicht, auch wenn das Wort lebendig noch verwendet wird. Es ist bezeichnend, daß diese

Kranke von „ewiger Dunkelheit" spricht, die da ist. Sonne als Lebensspender, aber auch als versengende Kraft, die den Tod bringt, gibt es nicht mehr.

Eine seit vielen Jahren chronisch Wahnkranke lebte offensichtlich ohne unseren Zeitbegriff. Sie drückt dies mit den Worten aus, daß „sie ewig sterbe", wobei dem Begriff Sterben als einem Vorgang das Prozeßhafte mit dem Wort „ewig" wieder genommen wird. Sie „sei immer schon gewesen, sei aus dem Nichts entstanden". Für sie sei das Jahr 2029 – von dem sie glaubt, daß die anderen darin leben – ohne Bedeutung. Sie „könne mit den Toten reden", was wieder soviel heißt, daß sie außerhalb der Zeit sei. Es ist verständlich, daß auch diese Kranke – wie die vorher Geschilderte – sich als Geist bezeichnet. Sind es doch seit je im Volksglauben die Geister, die ewig leben bzw. nicht sterben können, weil ihnen kein körperliches Geschehen anhaftet.

Eine junge Studentin hatte in ihrem ersten schizophrenen Schub das Erlebnis gehabt, gestorben und nun „wiedergeboren zu sein". Sie sagte: „Nun habe ich das wahre Leben, das ewig dauern wird." Sie bezeichnete sich auch als „Ich bin der Montag", was soviel hieß wie „Ich bin der neue Anfang". Dies erinnert an die Vorstellung von C. G. Jung[54]), nach dem die Idee der Wiedergeburt – welche diese Kranke ebenfalls äußerte – immer auf eine geistige Natur dieser zweiten Geburt hinweist, wodurch ein neuer Anfang gegeben ist. Im Gespräch mit ihr, sieben Jahre später, in einem relativ guten Remissionsstadium erklärte sie – inzwischen waren mehrere Schübe abgelaufen –, daß sie auch heute noch der Meinung sei, daß „sie das Gefäß für die Ewigkeit" sei. Sie erklärte dies so, daß ihr Vater Gott sei, ihr realer Vater sei leiblicher Natur. Jeder Gläubige sei ein Gefäß für die Ewigkeit. Sie näherte sich damit allgemeingültigen religiösen Anschauungen.

Im folgenden seien nur kurz diesbezügliche Äußerungen anderer Wahnkranker angeführt, soweit sie das Zeiterlebnis betrafen. Ein 23jähriger Kaufmann berichtete anläßlich einer Marienerscheinung, „es sei für ihn der Übergang zum ewigen Leben gewesen, die Zeit sei stille gestanden". Er ergänzte dann noch, daß er dieses Erlebnis auf einem Weizenfeld gehabt habe und sich als Petrus der Fischer gefühlt habe.

Ein 33jähriger Kaufmann meinte unmittelbar nach seiner akuten Psychose, die noch nicht ganz abgeklungen war, es sei ein Ausflug in die vierte Dimension gewesen, er habe sich „am Ursprung befunden". Die Zeit sei aufgehoben gewesen, es war der Zustand der Ewigkeit.

Ein 36jähriger Hilfsarbeiter erlebte in seinem Wahn „den Tag endlos", „es sei wie eine Ewigkeit gewesen".

Ein 21jähriger Ordensangehöriger berichtete ebenfalls über ein erlebtes Stillestehen der Zeit im Rahmen einer rezidivierenden Psychose. Als er elf Jahre später im gut remittierten Zustand darüber befragt wurde, erzählte er, daß er dieses Erlebnis hatte, als er im Nebel an einem stillen Wasser stand. Es ereignete sich nichts, er beschäftigte sich im Rahmen seiner Erkrankung sehr intensiv mit dem Tod, hatte auch Selbstmordideen.

In ähnlicher Weise berichtet Schreber[105]) in seiner bekannten Autobiographie betreffend erlebter Zeit in seiner Wahnkrankheit, daß einzelne Nächte für ihn zu Jahrhunderten wurden. Die erlebte Zeit war für ihn eine Zeit, in der alle Veränderungen der Erde, selbst des ganzen Sonnensystems sich ereignet haben könnte. Und Janz[48]) berichtet von einem Wahnkranken, der glaubte, „in der Ewigkeit zu sein": „Alle Uhren standen still, und ein Jahr war wie ein Tag." Es sei grauenhaft gewesen, und er hätte Höllenqualen gelitten.

J. W. Perry[89]) berichtet von einer Wahnkranken, die sich, nachdem sie in die Zeit zurückgekehrt war, sich als Eva im Garten Eden fühlte und wähnte, wiedergeboren worden zu sein, nachdem sie Fegefeuer und Hölle hinter sich hatte. Sie meinte ewig gewesen zu sein.

In den Berichten dieser Wahnkranken, die jeder sich mit dem Wahn beschäftigende Arzt mit vielen ähnlichen Beispielen ergänzen könnte, ergibt sich ein gleiches Bild von der Zeit, die als Eines, Gleichbleibendes, Ewiges, Immerwährendes erlebt wird. Es ist ein Bild, das nichts mit dem linearen

Zeitbegriff und seiner kausalen Abfolge zu tun hat. Die Betreffenden sprechen daher von erlebter Aufhebung der Zeit, oft sagen sie auch, sie hätten eine Wiedergeburt erlebt oder sie hätten ein neues Ich, besser gesagt ein neues Ich-Du, eine neue bis dahin unbekannte Freiheit, wo es auch kein Leid und keine Schuld gibt, oder mit anderen Worten eine Grenzsituation menschlichen Daseins, die etwas vom Sein in uns erkennen läßt.

Die Ewigkeit des Wahnkranken scheint mir allerdings am ehesten mit den Vorstellungen von einem „Geister-Dasein" vergleichbar; Geister, die nicht sterben können, wie sie uns in Sagen und Mythen geschildert werden.

Die Ewigkeit des gläubigen Menschen ist demgegenüber ein hoffendes Vertrauen, das der Liebe ähnlich ist[61]). Hier ist keine logische, begründbare Sicherheit gegeben, auch keine Möglichkeit konkreter Vorstellungen. Im Ewigkeitsglauben des frommen Menschen ist jenes Offensein enthalten, wie es in jeder Hoffnung und im Vertrauen gegeben ist. Gerade aber Hoffen und Vertrauen, zu dem auch Zweifel gehört, fehlt dem Wahnkranken.

Es ist kein Zufall, daß uns die Dichtkunst von Grenzsituationen, in der die Zeit aufgehoben ist, im Zusammenhang mit der Liebe berichtet. Jeder Mensch hat während seines Lebens zeitlose Augenblicke gehabt, die mit großem Glück oder auch tiefster Erschütterung und Leid verbunden waren. In diesem Zusammenhang muß auch wieder auf das Alter hingewiesen werden, in dem die erlebte Zeit immer langsamer wird und schließlich so langsam verrinnt, daß sie bereits stillezustehen scheint. In der Philosophie und heute auch in der modernen Physik ist die Aufhebung der Zeit ebenso bekannt wie aus der Geschichte der Religionen vor allem in Zuständen mystischer Ekstase und damit verwandter Erlebnisse. Der Zeitbegriff im Wahn zeigt uns demnach – wenn auch etwas verzerrt – das, was eingangs in diesem Abschnitt gesagt wurde: Es gibt keine Zeit ohne Ewigkeit, wie es kein Leben ohne Tod gibt. In der Dichtkunst, in der Ekstase und im Wahn ist das „Ist" und das „Nur jetzt und sonst nicht", jener entzeitlichte Augenblick, ein Etwas, das der Mensch vergeblich festzuhalten und für immer einzufangen versucht, dessen Verlust er immer zutiefst beklagt. Der zeitlose Augenblick ist Teilnahme an der Ewigkeit, er ist Seligkeit. In dem irdischen Bereich menschlichen Da-Seins ist ein Festhalten offensichtlich nicht möglich.

Das Sterben

Das Sterben ist ohne Zweifel eine besondere Art der Grenzsituation, die mit den bisher genannten Grenzsituationen nicht ohne weiteres verglichen werden kann.

Dies aus folgenden Gründen: Leid, Schuld, Verlust der Freiheit, des Gegenübers, aber auch der Zeit, sind Grenzsituationen, in denen die Rückkehr aus eigener Kraft oder mit Hilfe anderer möglich ist. Die Grenzsituation des Sterbens führt fast immer zum Tod. Sie wurde nur deshalb hier angeführt, weil in seltenen Fällen auch diese Grenzsituation umkehrbar ist, wie die Tatsachen beweisen. Es ist allerdings eine Umkehr ohne unser Tun. Es war das Erlebnis eines Sterbens, das eben nur scheinbar ein Sterben war, scheinbar deshalb, weil per definitionem Sterben mit dem Tod enden muß. Das hier berichtete Sterben ist ein „Als-ob"-Erlebnis, wie ich es schon früher (Seite 14, 46) ausgeführt habe. Sterben ist Erleben des unmittelbar bevorstehenden Todes, zumindest aus der subjektiven Sicht des davon Betroffenen. Den Tod selbst können wir nur erleben im Tod des geliebten Du, der das eigene Ich, unser Selbst wandelt.

Der Mensch hat schon in seiner Frühzeit sich als Tod des anderen erlebt und hat so dem Todesereignis sehr bald in seiner Geschichte eine besondere Bedeutung beigemessen[124]). Das Erlebnis des Todes eines geliebten Menschen stellte immer schon auch sein eigenes Leben in Frage, zeigte ihm die Grenzen des eigenen Daseins auf. Jeder Totenkult gibt Zeugnis dafür, daß der geliebte Verstorbene in dem anderen noch weiterlebt. Es war dies wahrscheinlich eine Grundlage der Vorstellung von der Transzendenz. Dieser Tod eines geliebten Du kann zu einer Wandlung des Ich, zu einem neuen Selbst führen. Im Tod des anderen erfahre ich aber auch meinen eigenen Tod. Dieses Erfahren des Todes der anderen kann mich vernichten, es kann zum eigenen Nichts, zum eigenen Tod führen. Dies lehrt uns z. B. die Beobachtung, daß oft ein Ehepartner dem anderen rasch nachfolgt, wenn der eine Teil gestorben ist. Der Gestorbene offenbart sich in seinem Tod dem überlebenden Partner in höchster Innigkeit, in seinem tiefsten Wesen, in seiner Lebensganzheit[121]). Ein Mit-Sein ist nun nicht mehr möglich. Es gibt dann nur zwei Möglichkeiten in dieser Grenzsituation: Entweder es gelingt jene Transzendierung dieses Teiles meines Ich, das im anderen verstorben ist, das ein Teil des „Wir" war. Dann wird der Verstorbene in seiner Transzendierung auch weiterhin in dem Überlebenden wirken, sein Leben in wesentlichen Anliegen mitbestimmen. Immer wird es für den Überlebenden heißen: „Was würde er dazu sagen, wie würde er handeln, würde er dies oder das von mir erwarten, billigen? usw." Es sind aber auch konkrete Dinge des Verstorbenen – besonders jene, an denen seine und damit gemeinsame Liebe hing – die als Symbole des „Wir" weiterleben. Sie haben „Ist"-Charakter. Hierher gehören unter anderem auch die Arbeits- und Sterbezimmer von in kultureller Hinsicht bedeutenden Persönlichkeiten, weil in ihnen für den Überlebenden und dieser Kultur Angehörenden ein Teil der Schöpfung weiterlebt. Es ist hier nicht die personale Ich-Du-Relation gemeint, sondern die übergreifende Ich-Gegenüber-Beziehung, wie wir sie immer wieder in kultureller, aber auch religiöser Hinsicht erleben. Praktische Beispiele aus dem Leben des Alltags für die Innigkeit einer Ich-Du-Beziehung sind z. B. jene Kriegerwitwen, die in dem Du des anderen eine Einmaligkeit, ein „Nur jetzt und sonst nie" erfahren durften. Sie wurden zu einem neuen Selbstsein, einem neuen Ich, das ist und das nicht mehr anders werden konnte. Personales Selbst-Sein wird nur in konkreter leibhaftiger Liebe zu einem Du[86]), ist nur so erfahrbar und verstehbar.

Oder das Ich kann den Tod des geliebten Du nicht ertragen, und es kommt zur Vernichtung des Ich. Dies kommt nach außen hin zum Ausdruck in einem bald danach erfolgenden physisch bedingten Tod oder auch im Selbstmord.

Sokrates[110]) legt in der Grenzsituation seines Sterbens Zeugnis dafür ab, wie solche Grenzsituationen mit Vertrauen und innerer Zufriedenheit zu bestehen sind. In seiner Verteidigungsrede vor den Richtern erklärt er, daß der Tod kein Übel sei, sondern entweder ein traumloser Schlaf oder eine Übersiedlung der Seele (heute würden wir sagen Geistperson) in jene glücklichen Gefilde, wo man von den Qualen des Lebens befreit ist und – unsterblich geworden – bei den großen Geisteswesen der griechischen Kultur sein darf. Angst sei nach ihm im Leben, Hoffnung aber enthüllt sich ihm an der Schwelle zum Tod, Rückkehr zum Ursprung der Glückseligkeit.

Im scheinbaren Sterben unserer eigenen Person können wir jene Grenzsituation des Überganges vom Leben zum Tod auch selbst erfahren. Es bedarf allerdings dazu bestimmter äußerer Umstände, die in der Wirklichkeit des Alltags nur selten auftreten werden.

Diese günstigen äußeren Umstände sind folgende: Es muß in der Grenzsituation das Bewußtsein seiner selbst voll erhalten bleiben und darf auch keinerlei Erinnerungslücken hinterlassen. Es muß weiters der vom Betroffenen zu Recht angenommene und unmittelbar bevorstehende Tod aus irgendwelchen Gründen ausbleiben und der Betreffende wieder in das normale Leben durch eine günstige äußere Situation zurückkehren können. Ich glaube annehmen zu dürfen, daß unter anderem auf solchen Berichten der oben erwähnten Gruppe von Menschen seit alters her Vorstellungen über das Leben nach dem Tode basieren.

Meist wird man allerdings den eigenen Tod in einem mehr oder weniger schwer veränderten Bewußtseinszustand erleben und daher auch nicht wahrnehmen. Daneben gibt es selbstverständlich auch viele Grenzsituationen des Sterbens unter äußerst qualvollen physischen oder bzw. und psychischen Zuständen, die man durch den eingetretenen Tod niemandem mehr berichten kann.

Als ein Beispiel für die Vorstellung über Leben nach dem Tod in der Frühzeit menschlicher Hochkulturen sei der altägyptische Jenseitsführer genannt, der sich im Original in Berlin befindet. Dieser Papyrus mit seinen bildlichen Darstellungen wird von S. Morenz[82]) folgendermaßen gedeutet: Der Verstorbene wird im Rahmen des Rituals zunächst in den Rang des Gottes Osiris erhoben. Er kann dadurch in der Unterwelt, in die er nun als Toter eintritt, nicht mehr verurteilt werden. Da er sich aber der Schuld bewußt ist, die er in seinem Leben auf sich geladen hat, betet er zunächst sein Herz an, das Träger aller angeborenen und erworbenen Eigenschaften ist. Er betet es an, damit das Herz ihn nicht verrate. Der Tote muß nun 7 – oder nach anderen Vorstellungen 14 – Stätten des Totenreiches durchschreiten, wobei ihn auf seiner Wanderung der Sonnengott Re beschützt. Die sieben weiteren Stätten sind furchterregend, wobei allerdings hinzugefügt werden muß, daß in den einzelnen Papyri oft nicht alle Stätten und auch oft nicht diese Reihenfolge festgehalten worden ist. Am Ende dieser Wanderung durch die Unterwelt tritt die Sonne über dem Gebirge wieder heraus, und es steht zu lesen: „Großer Gott, Herr von Himmel und Erde, der alles, was da ist, gemacht hat." Man kann gemäß dem altägyptischen Jenseitsführer – insofern die Zeichen des Papyrus richtig gedeutet worden sind – zwar nicht von einer Erlösung des Menschen nach seinem Tode sprechen; es ist aber doch andererseits so, daß hier der Verstorbene manches zu bestehen hat, aber bereits in der Stufe eines Gottes (Osiris) diese Wanderung antritt und daher auch erfolgreich beenden kann.

Die „Totenpässe" der altgriechischen Orphik enthalten ähnliche Vorstellungen über Sterben und Tod.

Aus einer ganz anderen Kultur stammt das Tibetanische

Totenbuch, das manche Parallelen aufweist. In dem „Erbe Tibets" von Lauf[64]) wird das Totenbuch als Bardo Thödol beschrieben. Bardo Thödol heißt „Befreiung durch Hören und Sehen". Letzteres ist selbstverständlich nicht in einem wörtlichen Sinne gemeint. Es bedeutet vielmehr, daß mit der letzten Ausatmung – mit der auch das Ritual beginnt – das klare Licht der Wirklichkeit zu sehen ist und nicht mehr die Scheinwirklichkeit des realen Alltags. Erst jetzt ist es möglich, sein wahres Ich zu erkennen, das weder Geburt noch Tod kennt. Das Bardo Thödol ist eine Anweisung für die 49tägige Wanderung durch die Welt des Zwischenzustandes nach dem leiblichen Tod bis hin zur Erlösung. Die Zeit ist noch nicht gelöscht. Das Ich des Verstorbenen erlebt im „Nachtodkörper" die Auswirkungen seiner früheren geistigen Tätigkeiten und Handlungen, wobei der Lama durch Lesungen dem eben Verstorbenen zu helfen hat. Der Abschluß der Begegnung mit den friedvollen Gottheiten der ersten sieben Tage bilden die vier Torhüter, die die Grenze menschlichen Denkens darstellen. Dann beginnt die Grenzenlosigkeit. Es erscheinen bis zum 14. Tag die angst- und furchterregenden Gottheiten, die aber ebenso wie die friedvollen Gottheiten nur Auswirkungen eigener früherer Tätigkeiten des Ich sind. Aufgabe des Lama ist es, immer darauf hinzuweisen, daß dies alles vorübergeht und nur scheinbare Wirklichkeit ist. Sie für wirklich zu halten, bedeutet Wiedergeburt, während durch die Enge des Bardo hindurchzukommen endgültige Erlösung bringt. Das „große Helle" dürfe nicht gefürchtet werden.

Der Vorgang des Sterbens stellte in der traditionellen Welt des Menschen immer eine Grenzsituation dar. Der Eintritt des Todes wurde als eine zweite Geburt angesehen, eine Geburt, die keinen natürlichen Vorgang darstellte, sondern eine Einführung in eine neue Seinsweise, eine Initiation, die nun ein ausschließlich geistiges Sein[26]) darstellt. Es gibt in der menschlichen Kulturgeschichte Vorwegnahmen dieser Grenzsituation, dieses Überganges vom irdischen in ein geistiges Leben. Dies sind die Zustände der Ekstase, wie wir sie in allen Hochreligionen kennen, in der Mystik der christlichen Religion ebenso wie im Zen-Buddhismus und im Samadhi des frommen Hindu. Auch die Mohammedaner im Sufismus und die jüdischen Religionen in der Kabbala und im Chassidismus kennen ähnliche Zustände. Schließlich gibt es im katholischen Ordensleben rituelle Handlungen, die symbolhaft den Tod des mit irdischen Gütern und Freuden ausgezeichneten Lebens vorwegnehmen. Heute – wie immer schon – gibt es Menschen, die völlig bewußt die Nähe des Todes aufsuchen und auch bestehen wollen[78]), eben jene Grenzsituation herbeisehnen, erkennen bzw. erleben wollen.

Diese Grenzsituation versinnbildlicht die vorgängige Seinsverfassung, aus der der Mensch stammt. Sie weist ihn als Geistwesen aus. Gleichzeitig macht diese Grenzsituation aber auch das Unvermögen des einzelnen Menschen deutlich, diese transzendentale Wirklichkeitssphäre adäquat zu objektivieren[112]).

Es gibt eine ganze Reihe von Berichten über Erlebnisse unmittelbar vor dem vermeintlichen Todeseintritt, die jeweils – scheinbar? – eine Trennung von Körper und Seele bzw. Geist erkennen lassen. Hieher gehört z. B. der Bericht des Bergsteigers Hias Rebitsch[98]). In dem Buch von Hampe[39]) heißt es diesbezüglich:

„Noch erfasse ich es voll, nehme die Vorgänge um mich her noch bewußt auf. Ein kurzer Bremsruck. Ich registriere: der erste Haken ist gegangen. Der zweite. Ich schlage an den Fels, schleife ihm entlang hinab, will mich noch wehren, an ihm verkrallen, aber unaufhaltsam schleudert mich wilde Gewalt weiter hinab. Verloren. Aus. Doch jetzt fühle ich keine Angst mehr. Die Todesfurcht weicht. Alles Gefühl, jede Wahrnehmung ist ausgelöscht. Nur mehr Leere, völlige Ergebenheit in mir und Nacht um mich her. Ich stürze auch nicht mehr. Ich sinke sanft auf einer Wolke durch den Raum, ergeben, erlöst. Habe ich das Tor zum Schattenreich schon überschritten? In der Finsternis um mich kommt plötzlich Licht und Bewegung. Verschwommene Gestalten lösen sich aus mir heraus, werden immer klarer. Auf einer Leinwand in mir leuchtet ein Film auf: Ich sehe mich in ihm wieder, wie ich, erst drei Jahre alt, zum Krämer nebenan tipple. In der Hand halte ich den Kreuzer fest umschlossen, den mir meine Mutter gegeben hatte, damit ich mir ein paar Zuckerl kaufe. Dann sehe ich mich als Kind, sehe mich, wie ich mit dem rechten Bein unter eine stürzende Bretterlage gerate. Großvater müht sich ab, die Bretter hochzuheben. Mutter kühlt und streichelt den gequetschten Fuß . . . Immer mehr Bilder aus meinem Leben flimmern auf, werden durcheinander geschüttelt . . . das Filmband ist gerissen. Lichterschlangen fahren wie Blitze durch den leeren schwarzen Hintergrund. Feuerkreise, sprühende Funken, flackernde Irrlichter . . . wieder stehe ich vor mir selber. Ich kann mich physisch nicht in dieser Gestalt erkennen, aber ich weiß, ich bin es . . . Plötzlicher Ruf aus weiter Ferne: Hias, Hias, Hias, ein Anruf aus meinem Inneren? . . . Auf einmal übersonnter Fels und Licht und Ruhe vor meinen Augen. Sie haben sich geöffnet. Das Fenster in die Vergangenheit war aufgestoßen worden. Jetzt ist es wieder verschlossen. Und noch einmal der angstvolle Schrei. Er kommt aus dieser Welt von oben . . . erst jetzt kommt mir zum Bewußtsein: ich habe gerade einen tiefen Sturz überstanden, bin von langer Reise rückwärts durch mein Leben gekommen, aus meinem früheren Dasein zurückgekehrt, bin wieder in meine Haut hineingeschlüpft. Am Seil arbeite ich mich bis 20 m hinauf . . . der letzte Haken hatte gehalten.“

Ähnliches berichtet Heim[42]) bereits 1891 über seinen erlebten Bergabsturz. Ein anderes Beispiel ist der Bericht eines Architekten, der sich ebenfalls in dem Buch von Hampe wiederfindet. Es handelt sich um den unmittelbaren Folgezustand nach einem schweren Autounfall, und es heißt in diesem von mir gekürzten Eigenbericht:

„Ich schwebte über der Unfallstelle und sah meinen leblosen, schwerverletzten Körper genau in der Lage liegen, die ich später im Polizeibericht genau so beschrieben fand. Ich sah auch deutlich unseren Wagen und Zuschauer. Dann beobachtete ich einen Mann bei dem Versuch, mich wieder zum Leben zurückzubringen. Ich konnte hören, was die Leute sagten. Der Arzt kniete rechts und gab mir eine Spritze. Zwei andere hielten mich von der anderen Seite, und man zog mir die Kleider aus. Ich hörte ihn sagen: ,Ich kann keine Herzmassage machen, seine Rippen sind gebrochen.' Dann sagte er: ,Man kann nichts machen, er ist tot.' Man wollte meinen Körper vom Straßenrand entfernen und meine Leiche bedecken. Ich wollte lachen, ich wollte ihnen sagen: ,Leute, macht doch keinen Zirkus, ich bin doch gar nicht ganz gestorben.' Ich fand das alles ein bißchen komisch, aber sie hörten mich keineswegs. Es machte mir geradezu Spaß, die Bemühungen der Leute mitansehen zu können. Dann sah ich jemanden mit einer Badehose und mit einer kleinen Tasche in der Hand hinzukommen. Er sprach mit dem Arzt, kniete bei mir nieder und unternahm auch etwas mit mir. Ich konnte das Gesicht dieses Mannes ganz gut sehen. Und tatsächlich, einige Wochen später kam ein Mann in mein Spitalzimmer, und ich wußte sofort, daß ich ihn schon irgendwo einmal gesehen hatte. Er sagte, daß er der Arzt sei, der mir die lebensrettende Spritze in mein Herz gegeben hätte. Ich erkannte ihn sofort und konnte mich auch gut an seine Stimme erinnern. Es war interessant, diese schreckliche Szene zu sehen, bei der ein Mensch unten starb und dieser Mensch ich selber war. Ich befand mich als Zuschauer ohne Emotionen ganz ruhig in einem himmlischen glücklichen Zustand oben. Dann begann ein phantastisches Theaterstück, das sich aus unzähligen Bildern zusammensetzte und Szenen aus meinem Leben wiedergab. Jede Szene war vollständig abgerundet. Der Regisseur hatte seltsamerweise das Theaterstück so zusammengestellt, daß ich die letzte Szene meines Lebens, das heißt meinen Tod, zuerst sah, während die letzte Szene meiner Vorstellung mein erstes Erlebnis war, nämlich meine Geburt. Alle Szenen sah ich so, daß ich nicht nur Hauptdarsteller, sondern gleichzeitig auch Beobachter war. Es war, als ob ich von oben, von unten, von der Seite abwechselnd von jeder Seite her gleichzeitig das Ganze miterlebt hätte. Ich schwebte über mir selbst. Merkwürdigerweise wurden meine schlechten Taten in dieses Schauspiel nicht miteinbezogen, ich sah nur Szenen, in denen ich glücklich gewesen war. Es war sehr merkwürdig, daß diese harmonischen Erinnerungen auch in jenen Szenen auftauchten, die nach unserer gegenwärtigen gesellschaftlichen Moral Sünden oder sogar Todsünden gewesen wären. Ich fühlte, daß ich schwebte, und gleichzeitig hörte ich wunderschöne Klänge. Zu diesen Klängen nahm ich Formen, Farben und Bewegungen wahr, die zu ihnen paßten. Ich hatte das Gefühl, daß jemand mich trägt, ruft, tröstet, immer höher in die andere Welt, in die ich nun als Neuling eintreten durfte. Ich war allein, kein Wesen der Erde störte meine Ruhe. Die Musik wurde immer stärker und schöner, sie überflutete alles. In diesem Zustand fühlte ich mich erlöst, und ich hatte das Gefühl, endlich bin ich soweit. Ich dachte: Ich bin glücklich, daß ich jetzt sterbe, ohne jegliche Angst, nur mit glücklicher Neugierde wartete ich darauf, wie dieser Sterbevorgang oder Todesprozeß weiter vor sich gehen würde."

Hampe führt in seinem Buch noch zahlreiche analoge Beispiele an, die bis in das Ende des vorigen Jahrhunderts zurückreichen. Hieher gehören aber auch Eigenberichte von Psychiatern, die lebensbedrohliche Erkrankungen durchgemacht hatten. So schildert E. Wiesenhütter[119]), wie er nach einem Lungeninfarkt im Rahmen einer Papageienkrankheit glaubte, weder ein- noch ausatmen zu können, er glaubte zu ersticken. Er sah nur mehr in der Mitte weit weg eine Schwester, und es ist ihm der Gedanke in der Erinnerung geblieben: „Ah, so ist das Sterben." Er hatte vorher einen unerträglichen Schmerz und eine sich steigernde Todesangst. Nun lösten sich diese beiden Empfindungen, aber auch das Zeit- und Gegenstandbewußtsein auf. Sein Ich schien wie zu einem Punkt zusammenzuschrumpfen und sich gleichzeitig wieder ins Unendliche auszuweiten. Verbunden damit war ein zunehmendes Befreiungs- und Glücksgefühl, das sich mit Worten kaum schildern läßt. Als er unter dem Sauerstoffzelt zu sich kam, verspürte er ein deutliches Sträuben, in das qualvolle reale Dasein zurückzukehren. Er erlebte direkt einen Sog vom Jenseits aus.

C. G. Jung[53]) äußerte sich 1950 anläßlich des Todes seines Freundes A. O. gegenüber der Witwe: „Dieser Anblick des Alters wäre wohl unerträglich, wenn wir nicht wüßten, daß unsere Seele in eine Region reicht, die weder der Veränderung in der Zeit noch der Beschränkung durch den Ort verhaftet ist. In seiner Seinsform ist unsere Geburt ein Tod und unser Tod eine Geburt. Im Gleichgewicht hängen Waagschalen des Ganzen." Acht Jahre später heißt es bei ihm: „. . . daß die beiden Elemente Zeit und Raum – Grundvoraussetzungen der Wandlung – für die Psyche relativ bedeutungslos sind . . . bis zu einem gewissen Grad ist die Seele der Wandlung und Vergangenheit nicht unterworfen." Die Todesnähe erlebte Jung selbst bei seinem Herzinfarkt 1944. Er schrieb dazu: „Von der Schönheit und der Intensität des Gefühls während der Visionen kann man sich keine Vorstellung machen. Sie waren das Ungeheuerste, was ich je erlebt habe" . . . „Von außen gesehen und solange wir außerhalb des Todes stehen, ist er von größter Grausamkeit. Aber sobald man darin steht, erlebt man ein so starkes Gefühl von Ganzheit und Frieden und Erfüllung, daß man nicht mehr zurückkehren möchte." Und wenige Monate vor seinem Tode schreibt er: „Es ist in der Tat eine große Anstrengung des magnum opis – sich rechtzeitig der Enge seiner Umarmung (d. h. des Körpers) zu entziehen und die Seele in die Vision der ungeheuren Größe unserer Welt zu entlassen, eine Welt, deren infinitesimaler Teil wir sind."

Der amerikanische Psychiater R. A. Moody[81]) stieß – zunächst zufällig – bei einem Patienten auf Erlebnisse besonderer Art. Es handelte sich um einen Patienten, von dem von allen Seiten angenommen wurde, daß der Tod unmittelbar bevorstand. In den folgenden Jahren untersuchte er systematisch Patienten, die in erster Linie Reanimierte nach Herzstillstand waren sowie Patienten nach sehr schweren Unfällen, die auf Intensivstationen lagen. Von diesen 150 jeweils

„Sterbenskranken" wählte er aus Gründen der Kritik 50 Kranke aus, von denen ein Fall gekürzt wiedergegeben werden soll.

Ein Patient erlebte vor seiner Operation, die mit einer unter Umständen lebensgefährlichen Narkose verbunden war, wie er plötzlich einen rasenden Schmerz bekam. An der Zimmerdecke leuchtete eine Kugel auf, und aus dieser Leuchtkugel reichte eine Hand zu ihm herab und ließ ihn wissen: „Komm mit mir, ich möchte dir etwas zeigen." Der Patient ergriff die Hand, fühlte sich emporgehoben, seinem unten liegenden Körper entrückt. Dabei hatte er das Gefühl von einem wunderbaren Gelöstsein. Er ging nun selbst in das Licht über, es war wie eine Wolke von Zigarettenrauch, dabei hatte das Ganze allerdings wunderbare Farben. Nun bewegte sich das Licht, in dem auch das Ich des Kranken war, durch die Wände hindurch und hinein in die Intensivstation. Wieder hatte der Kranke ein Erlebnis, von dem er später betonte, daß er es weder gesehen noch gehört noch gefühlt hätte, sondern es war eben so und war bestimmt so. Es wird im Sinne eines „Als-ob-Erlebnisses" geschildert, vergleichbar einem Evidenzerlebnis. Es betraf die Mitteilung, daß er in einem bestimmten Bett nach der Operation liegen und dort nicht mehr aufwachen werde. Trotz dieser Mitteilung herrschten in ihm nur Friede und Heiterkeit, wie er es bisher nie erlebt hatte. Mit dem Licht zusammen ging anschließend sein Ich wieder in das Krankenzimmer zurück und schlüpfte in seinen Körper hinein. Bald darauf – aber noch vor der Operation – hatte dieser Kranke ein zweites Erlebnis, als er eine Art von Abschiedsbrief an seine Frau schrieb und dabei weinte. Plötzlich fühlte er, daß jemand da war, ohne daß er jemanden sehen konnte – auch kein Licht. Als dieser Unsichtbare im Gespräch oder „Gedankenaustausch" von dem Kranken erfuhr, daß er eben im Begriff war, in dem Brief nicht für sein Leben, sondern für einen anderen zu bitten, wurde ihm mitgeteilt, daß er am Leben bleiben werde. Tatsächlich fand sich jener Kranke postoperativ genau in jenem Bett auf der Intensivstation, das ihm angekündigt worden war. Er überlebte auch tatsächlich die Operation und berichtete erst drei Jahre später über diese geschilderten Geschehnisse bzw. Erlebnisse seines Ich.

Wenn man die Berichte dieser Sterbenskranken, wie sie heute schon in mehreren Büchern vorliegen, zusammenfaßt, dann könnte man folgendes sagen: Am Beginn ist meist ein unangenehmes Dröhnen, seltener schöne Musik zu hören. Oft muß man durch eine dunkle Röhre hindurch, Finsternis und Leere herrschten hier vor. Dann verläßt man oft durch ein Gitter den Leib, es ist ein Schweben in die Höhe, aber doch meist nur wenige Meter. Man hört und sieht seinen eigenen Körper, die Ärzte, die sagen, er sei tot, man erlebt auch die Schwestern und die weinenden Angehörigen. Als schwebender Geist über seinen Körper sagt man dann etwas zu diesen Angehörigen, aber die Trauergemeinde hört offensichtlich die Worte nicht. Sich selbst empfindet man als Punkt oder Kugel oder auch als reines Bewußtsein. Die Zeit ist aufgehoben. Man weiß einfach, was die anderen denken. Oft hat man das Gefühl der Einsamkeit und Isolierung, was dann beängstigend ist. Oft begegnet man spirituellen Wesen, z. B. Verstorbenen, Verwandten und Bekannten. Hier hört man dann unter Umständen tröstende „Gedankenantworten". Das Ganze ereignet sich in einem sehr hellen und klaren Licht, das aber nicht blendet. Es umschließt den Sterbenden, man fühlt sich geborgen und irgendwie aufgehoben. Man hat das Gefühl von Frieden, Ruhe und Harmonie. Man kann auch Worte hören wie etwa: „Bist du bereit zu sterben" oder „Was hast du aufzuweisen in deinem Leben." Solche Worte hört man aber in einem in keiner Weise vorwurfsvollen Ton. Dann erfolgt meist der Rückblick, und wie in einem Film oder Panorama zieht das ganze Leben in seinen wesentlichen Abschnitten klar und deutlich vorbei. Es ist ein Zugleich, in dem man das Gute und Schlechte in seinem eigenen Leben sieht, niemand kann berichten, wie lange so etwas dauert. Schließlich kommt es zum Erleben einer Grenze, wie z. B. Wasser oder Zaun, jenseits dessen Verstorbene winken. Man geht dann dorthin, aber wird wieder abgewiesen oder zurückgezogen. Anfangs stemmt man sich auch gegen das Verlassen des Körpers, dann aber will man gar nicht mehr diesen spirituellen Zustand und dessen Schönheit verlassen. Es gibt auch ein „Sich-verpflichtet-Fühlen", wieder in den Körper zurückzukehren, z. B. bei einer Mutter, die kleine Kinder hat. Auch die Liebe eines Menschen kann den Sterbenden veranlassen zurückzukehren. Immer ist es dann so wie ein Sturz in den Körper oder ein Hineinschlüpfen in den Kopf aus dem Zustand des Schwebens über dem Körper. Diese erwähnten Erlebnisse haben eine Wandlung der Person dahingehend zur Folge, daß man, in seinem Körper angelangt, nun wieder körperlich lebendig – ein anderer Mensch geworden ist, indem man Gutes für seine Umwelt tun will. Einzelne Menschen haben auch berichtet, daß von ihnen ab diesem Zeitpunkt eine besonders beruhigende Wirkung auf die Umgebung ausgegangen sei. Die Bestätigung über die Richtigkeit all dessen ergab sich bei Moody daraus, daß die wieder in das volle Leben Zurückgekehrten nachher genau wußten, was mit ihnen geschehen war, nachdem sie von Ärzten und Schwestern bereits als klinisch tot oder scheintot bezeichnet worden waren. So wußten sie z. B. von ihrer Transferierung in andere Zimmer oder auch von anderen getroffenen Maßnahmen.

Vieles von dem, was Sterbenskranke den erwähnten Autoren berichten, erinnert doch sehr an die Totenbücher, die vor Jahrhunderten oder sogar Jahrtausenden geschrieben worden sind. Für die Grenzsituation des Sterbens scheint es wichtig festzuhalten, daß hier unser Ich als geistiges oder spirituelles Ich, das oft auch einfach als Seele bezeichnet worden ist, getrennt vom körperlichen Dasein, erlebt werden kann. Darauf gründen sich wahrscheinlich unter anderem die dualistischen Vorstellungen von Körper und Seele. Allerdings leuchtet andererseits auch wieder eine personale Vorstellung aus diesen Berichten heraus, so etwa, wenn es heißt, daß das Ich alles in einem erlebt, Raum und Zeit nicht kennend, auch keine Endgültigkeit einer Grenze zwischen tot und lebendig.

Dieses Ich „lebt", auch wenn sein Körper tot zu sein scheint. Damit ist ein grundlegender Unterschied gegeben gegenüber einem Tod des Ich im Wahn, das sich tot fühlt, obgleich es die Lebendigkeit seines Körpers nicht leugnet. Nur dem von einem Wahn Befallenen ist es möglich auszusprechen: „Ich habe eben geistig Selbstmord begangen", womit derjenige meinte, daß er sein geistiges Ich eben umgebracht habe oder auch glaubte, daß sein geistiges Ich sich aufgelöst hat oder verschwunden ist.

In der Dichtkunst wird die Konfrontation mit dem Tod anhand des Erlebnisses des Todes des anderen z. B. sehr anschaulich in dem Roman „Der Atem" von Thomas Bernhard[9]) geschildert. Ein 18jähriger liegt in einem Sterbezimmer eines Krankenhauses, wo täglich jemand stirbt, weil dort immer alte sterbenskranke Menschen in ihren letzten Tagen und Wochen untergebracht sind. Er erlebt dort den Tod des anderen wie einen maschinellen Ablauf. Erst an der Grenze zum eigenen Tod stehend, findet er zurück zu sich und damit auch zu den anderen. Der Großvater sagt ihm in diesen entscheidenden Tagen, daß nur der Kranke oder der, der sich in einem Gefängnis oder auch in einem Kloster befindet, die Welt klarer sehen könne. „Es sei ein lebensentscheidender, existenznotwendiger Denkbereich, ansonsten verliere man sich in die Wertlosigkeit. Nur so komme man zum Selbstbewußtsein." Th. Bernhard gebraucht hier das Wort „Wertlosigkeit", weil er damit offensichtlich sagen wollte, daß man nur unter vorhin genannten Bedingungen – oder ähnlichen Bedingungen – zum Wert und damit zum Sinn des Lebens finden könne.

Ein anderes Beispiel sind die Figuren Ursula und Skrebensky in dem Roman der „Regenbogen" von D. H. Lawrence[65]). In ihrer Verliebtheit wurde die Umwelt zum Puppenspiel, nur sie selbst waren die wahre Wirklichkeit. Und doch fällt in dieses gemeinsame Dasein, das ein ewiges Sein schien, ein tödlicher Pfeil. Als Ursula die Kathedrale von

Rouen wieder erlebte, wurde sie von der grandiosen Absolutheit und Unvergänglichkeit ganz erfaßt. Dieses Erlebnis innerer Absolutheit bei Ursula im zukünftigen Beisammensein mit ihm vernichtete in ihr die Figur von Skrebensky. Er erlebte, wie durch sie seine Seele verlöschte. So kann die innere Abkehr eines Du das eigene Ich vernichten. Leider ist bekanntlich der Selbstmord aus Liebeskummer gerade beim jungen Menschen keine Seltenheit, insbesondere dann nämlich, wenn im konkreten Verlust des Du das eigene Ich sinnlos wird und es kein übergreifendes Gegenüber für das Ich gibt.

Was man in dieser Grenzsituation auch erleben kann, spricht mit anderen Worten J. Conrad[22]) in seinem Buch „Herz der Finsternis" aus, als die Hauptfigur dieses Romans Herr Kurtz stirbt. Kurtz sieht in diesem Augenblick nicht mehr das Licht der Kerze, aber sein Blick war groß genug, um das ganze Universum zu erfassen, alle Herzen zu durchschauen. Für das Du des Herrn Kurtz blieben nur seine Worte, sein Beispiel der Pflichterfüllung.

Konkret auf unsere Zeit angewendet, läßt uns Thornton Wilder[120]) in seinem Roman „Wir sind noch einmal davongekommen" den drohenden Tod erleben. Der Tod ist symbolisch dargestellt in dem Eisberg, der kommt, wobei der Begriff des Eisberges symbolisch nicht nur für die Kälte, sondern vor allem für Leben ohne Liebe steht. Leben, das nur im Wissen besteht, ist tot, Leben ist Liebe zu allen (z. B. die Hereinnahme der Tiere in die Arche Noah), Leben ist Hoffnung, aber auch Leid.

Die von Hampe, Moody und anderen geschilderten Grenzsituationen, aber auch die in mystischer Ekstase erlebten Zustände kommen besonders jenen Erlebnissen nahe, über die uns Rainer Maria Rilke[100]) in den Duineser Elegien berichtet. Hier heißt es in den Erlebnissen I und II, daß er „das Sterben schon einmal übersehen habe" und deshalb in einem „freieren Zustand" lebe. Seine innersten Vorgänge seien nun „draußen", „drüben". Er müßte ein Heiliger sein, um diesen Zustand ganz zu erleben. Es sei „ein berührt werden von innen" gewesen, er erfuhr Wunderliches, „es sei das Intimste gewesen, das er je aufgeschrieben habe". Es stellte sich ein Ganzes, Ununterbrochenes ein, das Unendliche ging in ihn über. Es war eine „Erfahrung von Toten und Lebendigen in einem". „Es war eine Einheit angekündigt worden." Und Rilke sagt, daß diese seine innere Verfassung bei jenem Erlebnis dem Entrücktsein Verstorbener ähnlicher gewesen sei als eine Begegnung mit Lebendigen.

Erlebnisse des Sterbens, wobei die eigene Person als Einheit erlebt wird, sind im Wahn nicht bekannt. Es gibt nur den Tod des Ich im Wahn, wie er im früheren Kapitel beschrieben worden ist. Hingegen finden sich zahlreiche Untersuchungen über Persönlichkeitsveränderungen und geänderte Einstellungen zum Leben und seinen Problemen an Geistesgesunden nach erlebter Todesnähe durch Krankheit oder Unfall. Diese Untersuchungen wurden vor allem durch Psychiater in den letzten 20 Jahren durchgeführt, es sollen hier nur zwei 1980 publizierte Untersuchungen angeführt werden.

R. I. Noyes[86]) berichtet, daß bei einem Ausgangsgut von 215 diesbezüglichen Patienten bei Nachuntersuchungen oft Jahre nach dem Ereignis sich fast in der Hälfte der Fälle eine verminderte Todesangst fand. In einem gewissen Prozentsatz hielten die Betreffenden nun ihr Leben für besonders wertvoll, glaubten an eine gewisse Unverletzbarkeit oder eine spezielle Begünstigung ihrer Person bzw. schließlich nun auch an ein Weiterleben nach einem körperlichen Tod. Sie äußerten auch Vorstellungen im Sinne einer Wiedergeburt nach dem Erlebnis der Todesnähe. Es ist selbstverständlich, daß Worte wie „Wiedergeburt", „Weiterleben nach dem Tod", „Ewiges Leben" alle insgesamt einen Widerspruch in sich bergen. Menschliches Leben ist immer ein ablaufender Prozeß, ein Vorgang, der ein Ende hat. Man sollte daher vielleicht besser vom ewigen Sein statt vom ewigen Leben sprechen. Die in obiger Arbeit erwähnten Prozentzahlen sind kaum verwertbar, da eingehende Persönlichkeitsuntersuchungen über das frühere Leben solcher Patienten sowie eingehende Untersuchungen ihrer Persönlichkeitsstrukturen und des sozialen Umfeldes fehlen.

B. Greyson und J. Stevenson[37]) kommen in ihrem Krankengut von 78 Patienten mit Erlebnissen der Todesnähe zu dem Schluß, daß in 75% dieselben ein Erlebnis hatten, „außerhalb des Körpers gewesen zu sein". In dieser Gruppe von 75% der Patienten waren es wieder 59%, die glaubten, „few yards" außerhalb ihres Körpers ihr Ich bewegt erlebt zu haben, und 71% von diesen 75% meinten, daß sie auch tatsächlich anwesende Personen meinten gehört und gesehen zu haben. 79% in der genannten Gruppe gelang der Wiedereintritt in ihren Körper leicht. 77% der genannten Gruppe hatten den Eindruck eines nicht physischen Seins außerhalb ihres Körpers, der leichter war als der Körper selbst. 31% aller beobachteten Patienten hatten ein Tunnelerlebnis im Rahmen ihres nahen Todeserlebnisses, und 49% meinten, nicht physisch vorhandene Personen getroffen zu haben. Lichtphänomene wurden von 48% berichtet. Störungen des Zeiterlebnisses wurden von 79% angegeben. 27% berichteten über Panoramaerlebnisse ähnlich den Erlebnissen bei Abstürzen, in denen man das eigene Leben zugleich als Ganzes erlebt. Nur 52% aller Patienten meinten wirklich, sterben zu müssen.

Auch diese Berichte erinnern wohl sehr an die Schilderungen von Hampe und Moody oder an die Erlebnisse bei überlebten Abstürzen, aber auch in manchem an die Berichte von Totenbüchern. Immer wieder zeigt sich die scheinbare Unabhängigkeit eines geistigen Ich von körperlichem Geschehen, ein Eintritt in ein zeit- und raumloses großes Eines, das keine Polaritäten mehr erkennen läßt. Dort scheinten nur ewiger Frieden und Seligkeit zu herrschen.

So ist demnach auch die Grenzsituation des Sterbens ein unter bestimmten äußeren Gegebenheiten mögliches Erlebnis, in dem etwas andeutungsweise erfahren werden kann, das jenseits der Daseinsgrenze liegt. Es ist selbstverständlich, daß dieses Erfahren nur mit den Worten aus unserem diesseitigen Dasein wiedergegeben werden kann. Die Schilderungen der Betreffenden werden daher nur sehr unvollkommen erscheinen. Andererseits ist aber etwas Gemeinsames in den vielen verschiedenen Schilderungen unverkennbar, auch wenn es sehr große Zeiträume betrifft.

Der Tod selbst ist jenseits aller Grenzsituationen, er ist demnach keine Grenzsituation. Der Tod ist im Grenzenlosen, im Zeitlosen. Weder Dichtkunst noch Wahn können darüber berichten. Man stellt sich vor, daß es ein Sein jenseits von Leid und Schuld ist. Ich und Du ist wie in der Unio mystica aufgehoben und aufgegangen in dem Unnennbaren, Einen, das auch dem buddhistischen Nirwana vergleichbar ist. Wo es kein Ich und Du als gesonderte Einzelheit mehr gibt, kein Schuldig-werden mehr, kann es auch keine Freiheit im Sinne eines Agierens geben. Alles prozeßhafte Geschehen würde dem ewigen Sein widersprechen. So kann der Mensch trotz erlebter Grenzsituationen über den Tod selbst nichts wissen. In der ihm gegebenen Freiheit und Offenheit vor einem Gegenüber ist es ihm aber möglich, in einem gläubigen Vertrauen und Hoffen zu erwarten, daß er aus dem kurzen irdischen Dasein in das ewige Sein eingeht.

Zusammenfassung

Grenzsituationen erleben zu können zeichnet den Menschen als geistiges Wesen aus. Nur dem Menschen ist es möglich, etwas von dem zu erfahren oder zumindest zu ahnen, was jenseits seines irdischen Daseins ist. In der Grenzsituation – dieses Wort wird hier weitgehend im Sinne von Jaspers gebraucht – reift der Mensch als Geistwesen, er kann aber auch daran zerbrechen.

Kreative Akte und religiöse Erlebnisse stellen oft einen äußeren Ausdruck solcher Grenzsituationen dar. In Dichtung und Wahn werden diese Grenzsituationen oft sehr anschaulich geschildert, obgleich sie mit aus dem Dasein stammenden Begriffen und Worten schwer konkret wiederzugeben sind.

Grenzsituationen haben viele Facetten, die in den vorhergehenden Kapiteln im einzelnen geschildert wurden, wenn auch die Wirklichkeit der Grenzsituation meist alle Facetten zugleich zeigt bzw. vom Betreffenden erlebt wird.

Eine solche Facette ist das Leid, das mich betrifft, aber auch das Mitleid im zwischenmenschlichen Dasein. Zum Leid gehört aber auch als polares Erlebnis die Liebe. Leid, Mitleid und Liebe sind Grenzsituationen menschlichen Daseins, die nur in ihrer Gesamtheit verstehbar sind. Ein logisch begründbares Erklären gibt es für diese Grenzsituation wie auch für alle anderen Grenzsituationen nicht.

Eine zweite Facette ist das Schuldbewußtsein, das eng mit der eigenen Selbstverantwortlichkeit und damit mit der persönlichen Freiheit zusammenhängt. Dieses für den geistig reifen Menschen unumgängliche Schuldbewußtsein kann ihn unter bestimmten Umständen in eine Grenzsituation führen, in der er glaubt, die Schuld der Welt auf sich nehmen zu müssen bzw. für die Schuld der Welt verantwortlich zu sein. Diese Grenzsituation führt zu den Vorstellungen von einem notwendig gewordenen Tod auf der einen Seite oder Erlösung auf der anderen Seite.

Eine dritte Facette ist die Grenzsituation, in der die menschliche Freiheit verlorengeht. Gerade im Verlust der Freiheit, dem Verlust des Offen-Sein-Könnens für all das, was geschieht, was geschehen ist und was noch werden kann, zeigt sich die Grenzsituation menschlichen Geistes. Ist nämlich die Freiheit nicht mehr gegeben, sind wir keine Personen mehr, kein Wesen mehr, durch das etwas hindurchtönt. Wir sind entmenschlicht, nur mehr ein vorbestimmter Werkzeugteil einer großen Maschine – wenn man mit den Worten unseres technischen Zeitalters sprechen will.

In unserem irdischen Dasein kann es für uns immer nur eine begrenzte Freiheit geben, denn eine grenzenlose Freiheit würde zum Verlust jedes Gegenüber führen und damit zugleich zum Verlust jeder Freiheit. Eine sehr weitgehende Einschränkung jeder Freiheit ist nicht nur im Alltagsleben jedem bekannt, es kann im Wahn praktisch völliger Verlust der Freiheit erlebt werden. Diese ist immer mit einer existentiellen Angst verbunden, deshalb ist auch die Angst im Wahn eine alles überwältigende Angst. Nun ist dem Menschen seit je eine Strebung gegeben, die Plügge[94]) als Grundhoffnung bezeichnet hat. Es ist eine Strebung zum „Ganz-sein-als-er-selbst". Von dieser den Menschen verbliebenen Hoffnung erzählt uns auch schon Hesiod in seiner Theogonia, wobei er eine alte Kultlegende variiert. H. Fränkel berichtet uns in seinem Buch „Dichtung und Philosophie des frühen Griechentums"[29a]), daß nach Hesiod Prometheus das Feuer dem Göttervater Zeus aus dem Olymp gestohlen und den Menschen gebracht habe. Dafür rächte sich aber Zeus, indem er den Bruder des Prometheus, Epimetheus, Pandora, das von Hephästus geschaffene verführerische Weib, schickte. Zeus schickte den Menschen auch ein Vorratsfaß, das von Pandora in ihrer Neugier geöffnet wurde. Aus diesem Faß entflohen Mühe, Leid und Übel und verbreiteten sich unter den Menschen. Rechtzeitig ließ aber Göttervater Zeus den Deckel zuschlagen, und die Hoffnung blieb im Vorratsfaß und damit den Menschen erhalten. Es soll damit gesagt sein, daß auch der Freiheitsverlust und die existentielle Angst in sich einen Gegenpol enthalten, der Hoffnung heißt. Wieder zeigt sich gerade im Wahn besonders deutlich, daß nichts im Leben selbstverständlich ist, weder unsere persönliche Freiheit, noch ein leicht ertragbares Angstausmaß, noch das Hoffen-Können. Oft sind die Wege zum Hoffen-Können verschüttet, und es bedarf der Hilfe eines Du, den Weg zum Hoffen-Können wiederzufinden.

Weitere Facetten sind der Verlust des Du und der damit eng zusammenhängende Verlust des Ich. Ich und Du sind hier als im Menschen in das irdische Dasein getretene Begriffe eines geistigen Wirkungsfeldes gemeint. Ich und Du sind die Pole dieses Wirkungsfeldes, wobei unter Du auch das dem Ich gegenüber Seiende gemeint ist. Anhand kurzer

Hinweise[34]), [38]) wurde früher schon aufgezeigt, wie dieses Ich und Du im Einzelmenschen bzw. auch in der Kulturgeschichte der Menschheit langsam entsteht. Umgekehrt legen Dichtung und Wahn Zeugnis dafür ab, wie in einer Grenzsituation menschlichen Lebens das Ich bzw. das Du verlorengehen kann. Der Verlust des Ich, des Du, jedes Gegenüber, gehört wohl zu den erschütterndsten, schrecklichsten Erlebnissen, ist etwas, das man sich kaum vorstellen kann, denn selbst ein Teufel oder Dämon oder einer, der mir das Leben nehmen will, ist immer noch ein Gegenüber.

Man muß aber zur Kenntnis nehmen, daß es auch den Verlust eines Du im weitesten Sinne des Wortes im Wahn geben kann. Ich meine jene Vorahnung des absoluten Du (Gott), jenes „geistige Prinzip", jene „transzendierende Kraft", wie sie Gabriel Marcel[76]) kurz mit dem Wort „Hoffnung" umschreibt. Wie beim völligen Verlust der Freiheit im Wahn ist auch der völlige Verlust des Gegenüber in dieser Extremform nur den Wahnkranken zu erleben möglich. Aber auch hier wird diese eine oder andere Extremform nicht immer bestehen, denn auch der Wahnkranke ist ein lebendiges, das heißt ein sich änderndes Wesen. Es wird daher einem – jetzt als Mensch gedachtem – Du möglich sein, zu wenn auch nur selten gegebenen Zeitpunkten ihm trotz seiner grenzenlosen Verlorenheit die Hand zu reichen, ihm damit wieder am lebendigen Geschehen teilnehmen zu lassen. Gelingt dies, hat er wieder eine Zukunft, er kann dann wieder zu hoffen beginnen. Man kann daraus ersehen, wie das Erleben und Überleben solcher Grenzsituationen solchen schwergeprüften Menschen die Transzendenz sehr nahe bringen kann. So wird der Mensch, an einer solchen Grenze stehend, sich oft erst dann seiner Geistperson voll bewußt werden.

Der Verlust der Zeit ist eine weitere Grenzsituation, die im irdischen Alltagsbewußtsein für gewöhnlich nicht erlebt wird. Zeitlos zu leben ist eigentlich eine Contradictio in adjecto, weil Leben ein Prozeß ist und dies heißt, daß etwas in der Zeit abläuft. Nur in Grenzsituationen können wir uns jenseits von Raum und Zeit erleben, das heißt aber, in der Ewigkeit sein, zumindest für Augenblicke ihrer teilhaftig werden. Solche Grenzsituationen sind uns von Erlebnissen im kreativen Schaffen und von Erlebnissen in der Mystik verschiedener Religionen bekannt. Auch dies wird uns in der Dichtkunst vermittelt und im Wahn oft sehr direkt ausgesprochen. Die Grenzsituation des Verlustes der Zeit kann grauenvoll sein, wie es in der Mythologie der nicht sterben könnende Geist demonstriert, aber ebenso im Wahn. Der zeitlose Zustand kann uns aber auch ewigen Frieden und reine Glückseligkeit vermitteln. Es ist dies der andere Pol der Zeitlosigkeit bzw. Ewigkeit, wie er uns in den großen Religionen verheißen wird. Es kommt darauf an – um mit Konfuzius[59]) zu sprechen –, daß man schon am Morgen (d. h. am Beginn unseres irdischen Lebens) den richtigen „Weg" gelernt hat, um am Abend (unseres Lebens) zufrieden (d. h. glückselig) sterben zu können. Die Grenzsituation des Zeitverlustes, die eng mit der des Raumverlustes zusammenhängt, ist demnach auch wieder nur eine Seite unter anderen Seiten der Begegnung mit der Transzendenz. Auch in ihr wird das Offensein der menschlichen Existenz der Transzendenz gegenüber deutlich mit der Möglichkeit der Reifung unseres geistigen Ich, aber auch mit der Möglichkeit des Zerbrechens, wie dies vor allem der Wahn veranschaulichen kann.

Letzten Endes ist auch das Sterben – insofern es erlebt werden kann, weil ein zu Ende gehender Prozeß sich in seiner Richtung nochmals gedreht hat – eine Grenzsituation. Es ist „ein Blick über die Grenzen" unseres irdischen Alltags hinaus, der kein konkretes Sehen oder Hören ist, vielmehr ein „Als-ob-Erlebnis", das einem Evidenzerlebnis gleichkommt. Es ist ein Er-schauen, vergleichbar einer mystischen Schau (Vision). Es macht uns – allerdings nur in der Sprache eines Bilderbuches – vertraut mit der Unwesentlichkeit irdischer Dinge, aber auch mit der Allbedeutung der Liebe oder besser gesagt des Unnennbaren, weil dafür Worte fehlen. Grenzsituationen zu begegnen ist für den Menschen demnach unumgänglich, und es wäre völlig falsch, diesen unter allen Umständen ausweichen, sie vermeiden, sie nicht wahrhaben oder in ihnen gar etwas nur Negatives sehen zu wollen. Der Mensch als ein seinem Gegenüber offenes Wesen lebt als Geistwesen in einem polaren Spannungsfeld, indem er Leid und Schuld, aber auch Befreiung und Erlösung davon erleben kann. Er kann die ungeheure Beengung seines Selbst in der existentiellen Angst und den Freiheitsverlust ebenso wie das Glück eines selbst zu bestimmenden Freiheitsraumes erleben. Er kann sein eigenes geistiges Ich – allerdings nur im Wahn – so wie das Du des Gegenüber unter Umständen im weitesten Sinne des Wortes verlieren. Er kann aber ebenso in solchen Grenzsituationen eine Nähe dieses Gegenüber erleben, die dem Einswerden mit der Transzendenz nahe kommt. In dem Verlust der Zeit kann er die Zeitlosigkeit als Ewigkeit erleben, die nun der „Himmel" aber auch „die Hölle" sein kann. Und letzten Endes kann auch das Sterben – insofern es bewußt erlebt wird – nicht nur Schmerz und Qual sein, es kann auch ein „Blick über irdische Grenzen hinweg in ein Jenseits" sein, in dem es nur Frieden und ein im irdischen Dasein nicht gekanntes Glück gibt, ein Jenseits, aus dem man nicht zurückkehren will.

Das Erlebnis der Grenzsituation bedeutet für den Menschen die Möglichkeit der Reifung seiner Geistperson. Wie jede Reifung, alles Werden im irdischen Bereich ist auch die Grenzsituation eine Möglichkeit, aber keine Sicherheit einer erfolgreichen Reifung. Gerade das Beispiel des Wahnes zeigt uns – neben vielen anderen hier nicht erwähnten Ereignissen –, daß anstatt Reifung auch einmal ein Bruch der geistigen Person entstehen kann.

Literatur

1) Aischylos, Prometheus, Schönigh, Paderborn 1970.
2) Aischylos, Die Perser, Reclam, Stuttgart 1968.
3) J. Amery, Über das Altern, Klett-Cotta, Stuttgart 1977.
4) St. Andres, Wir sind Utopia, Piper, München 1980.
5) Ch. E. Benda, Gewissen und Schuld, F. K. Schattauer, Stuttgart - New York 1970.
6) G. Benedetti, Todeslandschaften der Seele, Verlag für medizinische Psychologie im Verlag Vandenhoeck und Ruprecht, Göttingen 1983.
7) G. Benn, Gehirne, Reclam, Stuttgart 1975.
8) P. Berner, Lexikon der Psychiatrie: Kapitel Wahn, Springer, Berlin - Heidelberg - New York 1973.
9) Th. Bernhard, Der Atem, Residenz Verlag, Salzburg 1978.
10) W. Blankenburg, Psychiatrie der Gegenwart, Bd. I/1, S. 827–875, II. Aufl., Springer, Heidelberg-New York 1979.
11) W. Blankenburg, Ansätze zu einer Psychopathologie des common sense, Confin. Psychiat. (Basel) 12, S. 144–163, (1969).
12) M. Bleuler, Realistische und unrealistische Zielsetzungen in der Psychiatrie, Psychiatrica clinica 13, S. 131–138, (1980).
13) O. F. Bollnow, Neue Geborgenheit, W. Kolhammer, Stuttgart 1972.
14) W. Bortenschlager, Deutsche Literaturgeschichte, Bd. II, Leitner, Wien 1978.
15) E. Bourguignon, Institutionalisierte Ausnahmezustände in „Psychopathologie im Kulturvergleich" von W. M. Pfeiffer, W. Schoene, Enke, Stuttgart 1980.
16) R. S. Brumbaugh, In „The Study of time" III by J. Z. Fraser, N. Lawrence, D. Park, Springer, New York - Heidelberg - Berlin 1978.
17) M. Buber, Ich und Du, Lambert-Schneider, Heidelberg (10. Auflage) 1979.
18) R. Burton, Anatomy of melancholy, 3 Bde., publ. 1621, wiederaufgelegt bei William Tegg in London 1863.
19) A. Camus, Die Pest, Rowohlt Taschenbuch, Hamburg 1950.
20) E. Canetti, Die Befristeten, Fischer Taschenbuch, S. 11–15, 1981.
21) P. T. de Chardin, Der Mensch im Kosmos, C. H. Beck, München 1959 (siehe auch Adolf Haas: Teilhard de Chardin, Lexicon Grundbegriffe – Erläuterungen – Texte, 2 Bde., Herder, Freiburg/Breisgau 1971).
22) J. Conrad, Herz der Finsternis, Diogenes, Zürich 1977.
23) W. Dilthey, zitiert in Nohl: „Die Philosophie des Lebens" eine Auswahl aus Schriften von Dilthey: „Ideen über eine beschreibende und zergliedernde Psychologie" (1894), H. Teubner, Stuttgart, Vandenhoek und Ruprecht, Göttingen 1961.
23a) F. M. Dostojewskij, Der Doppelgänger, Piper, München 3/1976, S. 195–395.
24) J. Eccles, The Human Mystery, Springer International, S. 152, 1979.
25) M. Eigen, Das Spiel, Piper, München - Zürich 1976.
26) M. Eliade, Das Okkulte und die moderne Welt, O. Müller, Salzburg 1978.
27) M. Eliade, Geschichte der religiösen Ideen, Bd. 1, Herder, Freiburg 1979.
28) H. Ey, Das Bewußtsein, übersetzt von K. P. Kisker, Walter de Gruyter Verlag, Berlin 1967.
29) A. B. Frank, Das Tagebuch der Anne Frank, Fischer, Frankfurt/Main 1970.

[29a] H. Fränkel, Dichtung und Philosophie des frühen Griechentums, C. H. Beck, München 1962.

[30] M. Frisch, Als der Krieg zu Ende war, Suhrkamp, Frankfurt 1970.

[31] E. Fromm, in „Glaube und Wissen" von H. Huber, O. Schatz, Herder, Wien 1980.

[32] N. Füglister, in „Schuld und Schicksal" von G. Bachl und W. Zauner, Oö. Landesverlag, Linz 1978.

[33] M. Fülleborn, M. Engel, Rilkes Duineser Elegien, Bd. 2, Suhrkamp, Frankfurt 1982, ebendort J. Schwarz, in Kapitel „Die Wirklichkeit des Menschen in Rilkes letzten Deutungen", S. 21–44.

[34] J. Gebser, Verfall und Teilhabe, O. Müller, Salzburg 1974.

[35] J. Gebser, Ursprung und Gegenwart, 2 Bde., Deutsche Verlagsanstalt, Stuttgart 1949/1953.

[36] V. v. Gebsattel, Prolegomena einer medizinischen Anthropologie, Springer, Heidelberg 1954.

[37] G. Greyson, J. Stevenson, The phenomenology of New Death experiences, Am. J. Psychiat. 137, S. 1193–1196, (1980).

[38] F. E. Haak, Jugendreligionen, Claudius-Pfeiffer, München 1979.

[39] J. C. Hampe, Sterben ist doch ganz anders, Kreuz Verlag, Stuttgart - Berlin 1976.

[40] P. Handke, Das Gewicht der Welt, Suhrkamp Taschenbuch, Frankfurt/Main 1979.

[41] M. Heidegger, Sein und Zeit, Verlag Max Niemeyer, Tübingen 1979.

[42] A. Heim, Über den Tod durch Absturz, Jh. Schweiz. Alpenclub, 1891.

[43] H. Heimann, Prophetie und Geisteskrankheit, Verlag Haupt, Berlin 1956.

[44] F. C. Heinroth, Anweisung für angehende Irrenärzte, zitiert bei J. Wyrsch, Psychiatr. Clin., Vol. 12, S. 117–140, (1979).

[45] E. Heintel, Gottes Transzendenz, Neue Zeitschrift für systematische Theologie und Religionsphilosophie, Bd. XIV, S. 277–293, (1972).

[46] G. Hole, Psychiatrie und Religion, in „Die Psychologie des 20. Jh.", Bd. 10, S. 1079–1097, Kindler, Zürich 1980.

[47] G. Hole, Der Glaube bei Depressiven, Enke, Stuttgart 1977.

[48] H. W. Janz, „Le nihilisme moderne comme problemé psychopathologiqué, in La table ronde, Revue Europeenne de recherche chrétienne Nr. 197, Juni 1964, Libraire Plon., Paris.

[49] K. Jaspers, Philosophie, 3. Hauptteil: Existenz als Unbedingtheit in Situationen, Bewußtsein und Handlung, 7. Kapitel Grenzsituationen, S. 210–249, Springer, Berlin 1932.

[50] K. Jaspers, Strindberg und van Gogh, J. Storm Verlag, Bremen 1949.

[51] E. Ionescu, Die kahle Sängerin in Spectaculum V, S. 151–171, Suhrkamp, Frankfurt/Main 1962.

[52] E. Jünger, Zahlen und Götter, Klett, Stuttgart 1974.

[53] C. G. Jung, Bild und Wort von Aniela Jaffè, Walter, Olten, Freiburg/Breisgau 1977.

[54] C. G. Jung, Symbole der Wandlung, Walter Olten, 1973.

[55] F. Kafka, Der Prozeß, Fischer Taschenbuch, Frankfurt/Main 1980.

[56] F. Kafka, Die Verwandlung, Suhrkamp, Frankfurt 1975.

[57] O. Kankeleit, Das Unbewußte als Keimstätte des Schöpferischen, E. Reinhardt, München - Basel 1959.

⁵⁸) B. Kimura, Schizophrenie als Geschehen des Zwischen-Seins, Nervenarzt 46, S. 434–439, 1975.

⁵⁹) Konfuzius, zitiert bei K. M. Woschitz.

⁶⁰) K. Koshika, Die Beziehung zwischen Gehirnpathologie und Psychopathologie im Lichte des Raum-Zeit-Problems, Jap. J. of. Psychiat., Vol. 50, S. 9–26, (1975).

⁶¹) H. Küng, Ewiges Leben, Piper, München - Zürich 1982.

⁶²) R. D. Laing, Phänomenologie der Erfahrung, Suhrkamp, Frankfurt 1969.

⁶³) R. D. Laing, Das geteilte Selbst, Rowohlt, Reinbek/Hamburg 1976.

⁶⁴) D. J. Lauf, Das Erbe Tibets, Kümmerly und Frey Verlag Bern BLV Verlagsges., München - Bern - Wien, 2. Auflage, 1975.

⁶⁵) D. H. Lawrence, Der Regenbogen, Rowohlt Taschenbuch, Reinbek/Hamburg 1964.

⁶⁶) H. Lenz, Belief and Delusions, Their common origin but different course of development, Zygon, Journal of Religion and Science, June 1983, Winter Park, Florida 32789.

⁶⁷) H. Lenz, Vergleichende Psychiatrie, Maudrich, Wien 1964.

⁶⁸) H. Lenz, Wandelbares und Bleibendes im Bild der Depression, Wr. Zeitschrift f. Nhkd., Bd. XVII, Heft 4, S. 321–356, (1961).

⁶⁹) H. Lenz, Depressionsprobleme in der Allgemeinpraxis, Vortrag vor dem österreichischen Komitee für Prophylaxe und Therapie der Depression in Altmünster/Traunsee am 20. März 1982.

⁷⁰) H. Lenz, Zur Neuropathologie des Irrealitätserlebnisses, Arch. f. Psychiat., Bd. 181, S. 489–516 (1949).

⁷¹) H. Lenz, Wahn – Sinn, Das Irrationale im Wahngeschehen, Herder, Wien - Freiburg - Basel 1976.
Glaube und Wahn, Fortschritte der Neurologie u. Psychiatrie, 41. Jg., S. 341–359, 1973.

⁷²) S. Lenz, Zeit der Schuldlosen, Hoffmann Campe, Hamburg 1980.

⁷³) M. Lowry, Unter dem Vulkan, Rowohlt, 1981.

⁷⁴) K. R. Mackenzie, Thoughts and Afterthoughts, The Gladesville Adavance, Hospital P.O. Box 58, Gladesville NSW 2111, Australia.

⁷⁵) G. K. Mainberger, „Imagination" in Bd. XV des Handbuches des XX. Jh., Kindler, Zürich 1980.

⁷⁶) G. Marcel, zitiert bei K. M. Weschitz, S. 35, L. Weschitz.

⁷⁷) W. Mende, Das Verhalten und Erleben von Bergleuten in der Extrembelastung des Eingeschlossenseins, Nervenarzt, 37. Jh. 1966, S. 209–219.

⁷⁸) R. Messner, Grenzbereich Todeszone, Buchklub Ex libris, Zürich 1978.

⁷⁹) J. E. Meyer, Todesangst und Todesbewußtsein der Gegenwart, 2. Aufl. Springer, Berlin - Heidelberg - New York 1982.

⁸⁰) E. Minkowski, Die Gelebte Zeit, 2 Bde., O. Müller, Salzburg 1971/72.

⁸¹) R. A. Moody, Leben nach dem Tod, Rowohlt, Reinbek bei Hamburg 1977.

⁸²) S. Morenz, Altägyptischer Jenseitsführer, Papyrus Berlin 31 27, Insel Verlag, Frankfurt/Main 1966.

⁸³) J. Müller, Der Augenblick ist Ewigkeit, Koehler und Amelung, Leipzig 1960.

⁸⁴) H. Müller, Suur, Das Sinnproblem in der Psychose, Hogrefe, Göttingen - Toronto - Zürich 1980.

⁸⁵) L. Navratil, Gespräche mit Schizophrenen, dtv, München 1978.

[86]) R. I. Noyes, Attitude Change Following Near-Death Experiences, Psychiatry, Vol. 43, Nr. 3, S. 234–242, (1980).

[87]) A. Orelli, Der Wandel des Inhaltes der depressiven Ideen bei der reinen Melancholie, Schweiz. Arch. f. Neurologie und Psychiatrie 73, S. 217–287, (1954).

[88]) B. Pauleikhoff, Person und Zeit, Dr. A. Hüthig, Heidelberg 1979.

[89]) J. W. Perry, Roots of Renewal in Myth and Madness, Jossey – Bass Publisher's, San Francisco - Washington - London 1976.

[90]) J. Piagét, Der Aufbau der Wirklichkeit beim Kinde, Gesammelte Werke, 2. Studienausgabe, Klett, Stuttgart 1975.

[91]) K. Planansky, Preoccupation with death in schizophrenic men, J. of Diseases of nervous system, Vol. 38, Nr. 3, p. 194–197 (1977).

[92]) Platon, Politeia, Wissenschaftl. Buchgesellschaft, Darmstadt 1971.

[93]) Plotin, Über Ewigkeit und Zeit, Klostermann, Texte Philosophie, Frankfurt/Main 1967.

[94]) H. Plügge, Wohlbefinden und Mißbehagen, Beiträge zu einer medizinischen Anthropologie, Tübingen 1962.

[95]) K. R. Popper, The self and its brain, Editions Roche Basel Switzerland, Springer International, 1978.

[96]) M. Proust, Die wiedergefundene Zeit, Suhrkamp, Frankfurt 1976.

[97]) K. Rahner, Schriften zur Theologie, Bd. 9, S. 302–322, Benzinger, Einsiedeln - Zürich - Köln 1970.

[98]) H. Rebitsch, Gedanken und Visionen bei einem Absturz, „Der Bergsteiger", offizielles Organ des Alpenvereines, München 1970.

[99]) R. M. Rilke, Rainer Marias Rilkes Deutung des Daseins von R. Romano Guardini, Kösel, München 1953.

[100]) R. M. Rilke, Rainer Maria Rilke „Dasein und Dichtung" erläutert von H. Kunisch, Dunker und Humboldt, Berlin 1975.

[101]) G. Roth, Ein neuer Morgen, Fischer, Frankfurt/Main 1980.

[102]) F. Schiller, Wallenstein, Berlin, Akademischer Verlag Carl Albert Kindle, 1940.

[103]) W. Schmied, Der Zeichner, Alfred Kubin, Residenz Verlag, Salzburg 1967.

[104]) K. Schneider, Klinische Psychopathologie, Thieme, Stuttgart 1962.

[105]) D. P. Schreber, Memoires of nervous illness, William Dawson and Sons Ltd., London 1955.

[106]) G. Schüttler, Die Erleuchtung im Zen-Buddhismus, K. Alber, Freiburg - München 1974.

[107]) J. P. Sartre, Die Transzendenz des Ego, Philosophische Essays 1931–1939, Rowohlt, Reinbek bei Hamburg 1982.

[108]) W. Siebenthal, Schuld und Schuldgefühle bei psychiatrischen Erkrankungen, Rascher, Zürich 1956.

[109]) Angelus Silesius, Der Cherubinische Wandersmann, (Auszüge) 2. Auflage, Kaiser, Klagenfurt 1947.

[110]) Sokrates, Verteidigungsrede und Schlußworte nach dem Todesurteil, Text nach Platon, frei gestaltet von Mathias Wiemann, Telefunkenschallplatte „Wort und Stimme" vom 24. 5. 1955.

[111]) R. A. Spitz, Anaclitic depression, Psychoanalyt. Study Child 2, 213 (1946).

[112]) J. Stipivic, Die Grenzsituation der Menschen und seine Existenz, Universitas Verlag, Freiburg/Schweiz 1967.

[113]) J. Teboul, Lauf Hölderlin, Hauser, München - Wien 1982.

114) Theresia v. Jesu (Theresia von Avila), Ihr Bericht an Pater Rodrigo Alvarez, ins Deutsche übersetzt Pater Aloisius Alkhofer, erschienen in „Das Leben d. hl. Theresia von Jesu", Bd. 1, Kösel Verlag, München - Kempten, 3. Aufl., 1960.

115) W. S. Tseng, Culture, Mind and Therapy, Brunner u. Mazel, New York 1981.

116) A. Vorbichler, Das Opfer, auf dem uns heute noch erreichbaren ältesten Stufen der Menschheitsgeschichte, zitiert in G. Mensching „Der offene Tempel", Deutsche Verlagsanstalt, Stuttgart 1974.

117) R. Walser, Der Räuber, Suhrkamp Taschenbuch, 3. Auflage, Frankfurt/Main 1980.

118) H. J. Weitbrecht, Beiträge zur Religionspsychopathologie, Verlag Scherer, Heidelberg 1948.

119) E. Wiesenhütter, Blick nach drüben, Selbsterfahrungen im Sterben, Gütersloh 1974.

120) Th. Wilder, Wir sind noch einmal davongekommen, Fischer Taschenbuch, Frankfurt/Main 1978.

121) F. Wiplinger, Der personal verstandene Tod, Alber, Freiburg - München 1980.

122) K. M. Woschitz, Elpis Hoffnung, Geschichte, Philosophie, Exegese, Theologie eines Schlüsselbegriffes, Herder, Wien - Freiburg - Basel 1979.

123) J. Wyrsch, Über die Freiheit bei Störung von Gemüt und Geist, Psychiatrica Clinica, Vol. 12, Nr. 3, S. 117–140, (1979).

124) D. Wyss, Zwischen Logis und Antilogis, Vandenhoeck und Ruprecht, Göttingen 1980.

125) W. Zauner, Rituale zur Schuldbewältigung in „Schuld und Schicksal" von G. Bachl und W. Zauner, Oö. Landesverlag, Linz 1979.

Der Mensch an der Grenze im Alltagsleben

Psychoanalytische Erwägungen und Erfahrungen

KATERINA LIVERIOU

Merkmale von Grenzsituationen

Es geht um Erfahrungen, die jeder Mensch in seiner persönlichen Entfaltung und sozialen Beziehung von Zeit zu Zeit macht. Er ist ja Teil einer Welt, die er nicht immer beeinflussen kann; der er aber immer unterworfen ist. Grenzsituationen können jederzeit eintreten. Sie können akut, von einem Moment zum anderen kommen, sie können lange Zeit latent bleiben, bis sie eines Tages manifest werden; oder der Mensch kann selber – oft unbewußt – Grenzsituationen provozieren. Wie dem auch sei, vom Moment an, da eine Grenzsituation konkrete Wirklichkeit wird und vor dem Menschen steht, verlangt sie eine Konfrontation mit ihr, wenn der Mensch sein Leben ohne die tiefe Störung, die eine solche Situation mit sich bringt, weiterleben will.

Was ist nun eine Grenzsituation und worin besteht ihre Eigenart? Ich versuche zu antworten, indem ich wiedergebe, wie ich mich selber in Grenzsituationen erfahre und wie ich – bei meiner psychoanalytischen Tätigkeit – meine Klienten in analogen Situationen erlebe. Das heißt, ich gehe nicht vom Begriff der Grenzsituation im Sinne von K. Jaspers aus, sondern von den tiefenseelischen Störungen, mit denen sie meist einhergehen. Grenzsituationen „begegnen" wohl auch dem seelisch Robusten, aber ihren „Biß" bekommen sie erst in der lebensgeschichtlich verwundeten Seele. Unser Interesse bewegt sich im Bereich jener menschlichen Hilfe, die von der Fachsprache Neurosentherapie genannt wird.

Es gibt wohl kaum eine andere Situation, in der ein Mensch so klar, so schmerzhaft und verzweifelt seine eigene Ohnmacht und Schwäche wahrnimmt wie in einer Grenzsituation. Und – so paradox es klingen mag – es gibt kaum eine andere Situation, die dem Menschen gleichzeitig die Gelegenheit gibt, die Fülle seiner existentiellen Möglichkeiten in sich zu entdecken und zu verwirklichen.

Das erste, was ich wahrnehme, wenn ich vor einer Grenzsituation stehe, ist die große Antithese zwischen ihrer riesigen Macht und meiner eigenen Ohnmacht. Sie gibt mir klar zu spüren: So wie ich jetzt bin, bin ich ihr nicht gewachsen. Ich muß neue Kräfte in mir entdecken und entfalten, und zwar massiv, in allen Bereichen meiner Persönlichkeit, um etwas mit ihr anfangen zu können. Kurz, ob ich es will oder nicht, ich muß meine bisherigen Grenzen überspringen – deswegen auch „Grenzsituationen" – und neue, weitere Grenzen suchen und erreichen. Das Ungenügen der eigenen Kräfte vor der Macht einer Grenzsituation und die Notwendigkeit der Entfaltung von neuen Kräften ist ein Hauptcharakteristikum der Grenzsituationen.

Ein weiteres ebenso Wesentliches ist die Notwendigkeit des Verzichtes auf einen Teil meiner bisherigen Wirklichkeit, den ich aufgeben und von nun an zu meiner Vergangenheit rechnen muß. Dieses Opfer ist für den Menschen eine schmerzhafte Tatsache, denn er bleibt mit dem, was er aufgeben muß, mit vertrauten Gefühlen verbunden, die er nicht leicht zugunsten des Neuen zu opfern bereit ist. Da es aber einmal sein muß, entwickelt er besonders am Anfang einer Grenzsituation einen blinden, heftigen Widerstand gegen die vor ihm stehende Wirklichkeit. Der Mensch fühlt sich von ihr bis zu seinen Wurzeln hinab bedroht. Einen Teil seiner Gegenwart muß er opfern, seine Kräfte reichen nicht mehr, um die neue Situation zu bewältigen, und die Zukunft schaut fragwürdig und schwarz aus. Das Mächtige der neuen Situation (wieweit dies Mächtige tatsächlich von der Wirklichkeit des Neuen kommt – oder wieweit der Mensch ihm Macht verleiht, die es eigentlich nicht hat, werden wir weiter untersuchen) sowie die Tatsache, daß der Mensch den mehr oder weniger festen Boden unter seinen Füßen verloren hat, da er seine Gegenwart und seine Zukunft in Frage gestellt und in Gefahr sieht, führen dazu, daß der Mensch nun in seiner Vergangenheit Zuflucht sucht, wo er sich zunächst sicher zu fühlen glaubt. Der Mensch „regrediert" einfach in seine Vergangenheit.

Eine solche Regression kennt keine Grenze. Er rutscht von Gefühl zu Gefühl weiter hinunter, wie in einem Wirbel, bis zu seiner ersten Kindheit hin. Traumata und Fixierungen, die ganz tief in seiner Vergangenheit liegen, werden wieder wach. Der Mensch reagiert hier und jetzt wie das Kind, das er einmal war und das er längst überwunden geglaubt hatte. In Wirklichkeit ist „das Kind im erwachsenen Menschen" nie ganz überwunden. Diese seelischen Verletzungen und Entfaltungspannen in der frühen Kindheit wachsen nicht von selber aus. So wird „das Kind im Menschen" immer wieder wach, sooft der Mensch regrediert; und das geschieht, wenn der Erwachsene vor einer neuen übermächtigen Wirklichkeit steht, die seine Gegenwart und Zukunft bedroht. Kein Wunder, daß der Mensch vor einer solchen bedrohlichen Übermacht die Flucht ergreift und in einer ersten Reaktion zur Regression kommt. Er kennt ja diese mächtigen Situationen und seine eigene Ohnmacht von der Zeit her, als er ein schwaches Kind war. Die Tatsache, daß er jetzt erwachsen ist, hindert ihn nicht zu regredieren, mindestens zu Beginn einer Grenzsituation, denn er ist ihr nicht, noch nicht gewachsen und er fühlt sich wieder wie ein kleines, machtloses und schwaches Kind vor der Härte und Macht einer solchen Wirklichkeit.

Das ist das Paradoxe einer Grenzsituation: Obwohl sie eigentlich an die Einsicht, an den Bereich der Logik, kurz an den erwachsenen Menschen appellieren soll, macht sie zuerst den Gefühlsbereich und „das Kind im Menschen" wach. Daß es für den Menschen und für seine Entfaltung so gehen muß und daß es sogar g u t so ist, werden wir weiter sehen. Die Ausdrücke „das Kind im Menschen" und „der erwachsene Mensch" im oben beschriebenen Sinn werde ich beibehalten.

Die Tatsache, daß eine Grenzsituation beides, nämlich den Gefühlsbereich und den Bereich der Logik, d. h. das Erwachsene im Menschen, nacheinander berührt, sowie die Tatsache, daß sie alle drei zeitlichen Dimensionen des Menschen (seine Gegenwart mit ihrer jetzigen Schwäche; seine Zukunft, von der die existentielle Bedrohung kommt; und seine Vergangenheit wegen der Regression) in Frage stellt, zeugt dafür, daß die Grenzsituation den Menschen in seiner Ganzheit betrifft und erschüttert, so daß der Mensch gewöhnlich in eine tiefe Krise gerät. Von der Weise des Ausganges seiner Krise hängt nun ab, wie er, positiv oder negativ, seine Grenzsituation bewältigen wird. Die Regression scheint jedenfalls die frühe Vergangenheit des Menschen für den Verlauf und den Ausgang seiner Krise sehr wichtig zu machen.

Wir werden nun den Menschen auf seinem regressiven Weg und dann bei seinem Versuch des Aufbaus einer neuen Grenze begleiten. Diese Trennung scheint etwas künstlich zu sein, ich meine aber, daß sie notwendig ist, damit wir den Menschen, d. h. auch uns selber in unseren Grenzsituationen, besser verstehen können.

Der Weg zurück oder „Das Kind im Menschen"

Besonders drei Charakteristika einer Grenzsituation machen den Gefühlsbereich des Menschen wach und begünstigen die Regression in die Vergangenheit: der *Mußcharakter*, der von ihr ausgeht, d. h. daß der Mensch, ob er es will oder nicht, durch sie hindurchgehen muß; dann die Notwendigkeit,

einen Teil seiner Gegenwart aufzugeben, mit dem er sich verbunden fühlt und den er nicht für das Neue opfern will, sowie *das Dunkle und völlig Unsichere* der vor dem Menschen
stehenden Situation, vor dem er panische Angst fühlt. Gewiß
verlangt jeder Tag vom Menschen, daß er etwas aufgibt und
sich dabei ein Stück erneuert.

Im Alltag handelt es sich aber um kleine Schritte, die der
Mensch, von der Geborgenheit des ihm Gewöhnten und
Selbstverständlichen umgeben, fast kaum reflektiert wahrnimmt. Das Massive, das eine Grenzsituation kennzeichnet,
scheint nun gewaltige Sprünge zu verlangen, das Opfern des
Selbstverständlichen und oft eine radikale Änderung des bisherigen Lebens. Bei Grenzsituationen dominiert der extreme
Gegensatz zwischen ihrer Allmacht und der existentiellen
Ohnmacht und Hilflosigkeit. Denken wir an eine sehr
schwere oder unheilbare Krankheit, die das Leben des betroffenen Menschen von einem Moment zum anderen verändert; an den Schmerz über den Tod eines geliebten Menschen, ohne dessen Gegenwart wir uns das Leben nicht mehr
vorstellen können; oder an den Abschied von jedem Lebens-
abschnitt, wenn ein neuer bevorsteht usw.

Die Tatsache, daß eine Grenzsituation den Gefühlsbereich des Menschen als ersten betrifft, was wiederum die Regression fördert und den Bereich der Logik und die Ein-
sichtsmöglichkeit für eine gewisse Zeit blockiert, zeugt dafür, wie schnell „das Kind im Menschen" wieder lebendig
wird, wenn der Bereich der Gefühle belastet wird. Die Regression hat auch zur Folge, daß der Bereich des Unbewußten erschüttert wird, so daß der Mensch nun zwei großen
Gefahren ausgesetzt ist: der äußeren Grenzsituation einerseits und der inneren Gefahr andererseits, die vom eigenen
Unbewußten kommt und seine Angst vergrößert. Vergangene traumatische Situationen, die weit zurück liegen und
mit denen der Mensch damals nicht fertig wurde, kurz, die
nicht erledigt waren, beginnen wieder zu bluten, und verinnerlichte Instanzen der Kindheit (Über-Ich z. B. oder Ich-
Ideal) werden wieder aktuell. In der Folge überträgt der

Mensch das schmerzhafte Vergangene auf das Neue der Gegenwart. Da seine eigene Logik im Moment blockiert ist und nicht richtig funktionieren kann, beginnt er mit fremden Augen zu sehen und zu beurteilen, d. h. mit dem von seinen verinnerlichten Instanzen blind Übernommenen aus der Zeit her, wo er Kleinkind war. Das Merkwürdige dabei ist, daß der Mensch, besonders am Anfang einer Grenzsituation, sich von der Außenwelt verbittert isoliert, denn er meint, daß ihm niemand in seiner Krise helfen kann. Er unterliegt hier fremden Einflüssen, und zwar aus einer Zeit, die mit dem Hier und Jetzt seiner bedrohten Gegenwart nichts mehr zu tun haben. Die Projektion des vergangenen Alten auf das gegenwärtige Neue und das Sehen mit den Augen und das Beurteilen mit den Meinungen der Bezugspersonen, die er als Kind – damals für seine Entfaltung ein notwendiger Vorgang – verinnerlicht hat, v e r s t ä r k e n nun das sowieso Schwierige der Grenzsituation und verleihen ihr Dimensionen, die sie in der Wirklichkeit nicht hat. Wir können sagen, daß diese „Verstärkung" durch die Übertragung der lebensgeschichtlichen Vergangenheit auf die Gegenwart charakteristisch für den Menschen ist, der sich in einer Grenzsituation befindet.

Der Übertragung entsprechend ist auch das Verhalten des Menschen in der Grenzsituation. Wir können *zwei Phasen* unterscheiden, solange das „Kind im Menschen" die Oberhand hat. Während der ersten will der regredierte Mensch die für ihn schmerzhafte Wirklichkeit gar nicht akzeptieren. In dieser Phase dominieren der Trotz und der Widerstand. Der Mensch sagt einfach blind nein, wie er es in einer Phase seiner Entwicklung als Kind getan hat. Damals hatte – nach Rene A. Spitz – dieses Nein eine entwicklungsfördernde Funktion. Das Kind hatte damit seine Persönlichkeit entdeckt und seine eigene kleine Macht gegen die große der Erwachsenen gesetzt. Sein Widerstand hatte zwar damals praktisch nicht viel genutzt, denn das Kind mußte sich ja den Erziehungsgesetzen beugen. Wir können aber sagen, daß es damit probiert hat, die Grenze, die ihm seine Erziehungspersonen setzen wollen, zu sprengen, um die ersten Schritte zur Entdeckung der eigenen Grenze und der eigenen Autonomie zu versuchen. In der Grenzsituation sagt der erwachsene Mensch am Anfang „nein" zu dem für ihn schmerzhaften Neuen der Wirklichkeit, das er mit den eigenen unbewußten Projektionen noch gewichtiger gemacht hat.

Diese Phase dauert normalerweise nicht lange. Früher oder später spürt der Mensch die Sinnlosigkeit seines Verneinens, und obwohl er sich noch verzweifelt an das klammert, was er gegen seinen Willen aufgeben muß, tritt er in einen neuen Prozeß ein. Wir können diesen zweiten Prozeß als den schmerzhaften Versuch des Menschen betrachten, von dem Teil seines bisherigen Lebens Abschied zu nehmen, der durch die neue Situation Vergangenheit geworden ist. Zu der Phase gehören manche besonders typische Reaktionen und Erlebnisse des Menschen. Wir werden sechs davon erwähnen.

a) Der Mensch leistet eine Art von *Trauerarbeit.* Er beschäftigt sich sehr mit seiner Vergangenheit und erlebt sie ambivalent, in zwei extremen Richtungen. Einmal sieht er seine personale Vergangenheit als etwas ausschließlich Wunderschönes, das er nie wieder finden kann; das nächstemal beklagt er sich über die Personen und Situationen von damals, die ihm Unrecht getan oder ihm nicht das gegeben haben, was er erwartet hat. Jetzt ist er nachträglich verbittert, weil er keine Chance mehr hat, das ihm von Personen und Situationen schuldig Gebliebene zu erleben. Es kann gleichzeitig zu Selbstbeschuldigungen kommen, weil er seine eigenen Fehler eben mit den Augen seines in ihm wieder wach gewordenen Über-Ich verstärkt beurteilt und verurteilt, und es kann auch zu einem großen, mit dem Hier und Jetzt nicht mehr vereinbaren Nachholbedarf kommen. Wie dem auch sei, wichtig ist die Tatsache, daß der Mensch in dieser Phase die Vergangenheit nicht wirklichkeitstreu, sondern abwechselnd als extrem schön oder als extrem schlecht sieht, ohne diese beiden

Aspekte noch miteinander vereinigen zu können, als ob diese Aspekte zu zwei ganz verschiedenen Epochen gehörten, die miteinander gar nichts zu tun haben. Es handelt sich zu dieser Zeit um ein gespaltenes Gefühl für die eigene Vergangenheit, die nicht schöne *und* traumatisierende Erlebnisse beinhaltet, sondern entweder das eine, dem der Mensch jetzt nachtrauert, oder das andere, das er zornig verdammt.

b) Dann kommt es zu einem *Gefühl der Entfremdung,* das den Menschen stark in Angst bringt. Diese Entfremdung betrifft die innere *und* die äußere Welt des Menschen. Es wurde früher gesagt, daß die Regression den Bereich des Unbewußten mobilisiert, so daß es zu einer Überflutung durch verdrängte und unbewußte Inhalte kommt. Da diese Inhalte eben dem Bewußtsein des Menschen fremd sind, erlebt sie der Mensch als etwas Feindliches, das eine große Macht besitzt, und dem er nun hilflos wie ein kleines machtloses Kind ausgeliefert ist. In dieser Lage reagiert auch der Erwachsene wie ein Kind, indem er in sein gegenwärtiges und zukünftiges Leben Bedrohungen hineinprojiziert, die der Wirklichkeit nicht entsprechen. Wenn z. B. die Grenzsituation von einer schweren körperlichen Krankheit verursacht wurde, kann der betroffene Mensch das Vertrauen zu den krankheitsabwehrenden Instanzen seines eigenen Körpers verlieren, so daß er nun das Schlimmste erwartet. Das Vertrauen ist während dieser Phase einer Grenzsituation schwer erschüttert, und zwar in beiden Richtungen, als Selbstvertrauen und als Weltvertrauen, und der innere Halt scheint im Moment verloren zu sein. Wie der Mensch seine Grenzsituationen erlebt, ist sehr von seinem Ur-vertrauen (nach E. Erikson) abhängig, d. h. von der Frage, ob er als kleines Kind von seinen ersten Bezugspersonen das Selbstvertrauen und das Weltvertrauen optimal bekommen und es mit deren Hilfe positiv entwickelt hat. Ein Mensch, der Vertrauen besitzt, kann zwar tief erschüttert werden, meistert aber seine Grenzsituationen viel besser als ein anderer, der wegen seiner mangelhaften Erziehung wenig Vertrauen oder keines entfalten konnte.

Wir können sagen: solange der Mensch dem Gefühl der Entfremdung ausgeliefert ist, erlebt er seine Gegenwart und seine Zukunft wie einen richtigen Alptraum. Träume sind ja von den Inhalten des personalen Unbewußten produziert, wenn der Mensch schläft und das Unbewußte weiterarbeitet. Durch die Regression in der Grenzsituation wurde der Bereich des Unbewußten, wie gesagt, wach, und der Mensch projiziert nun seine Angstphantasien auf heute und morgen und spinnt Situationen aus, die es nur für ihn selbst gibt, die aber in der Wirklichkeit keine Begründung haben.

c) Charakteristisch in dieser Phase ist auch, wie der Mensch – abgesehen jetzt von den Projektionen – *seine Zukunft* auf noch eine andere, angstauslösende Weise erlebt. Er sieht seine Zukunft nicht in Phasen, die er mit kleinen Schritten nacheinander allmählich erreichen wird, sondern als eine globale Gefahr, die ihm eine enorme Aufgabe stellt. Er muß sie jetzt auf einmal bewältigen. Die Gegenwart ist damit überblendet, sie steht im Hintergrund. Der Mensch erwartet von sich selbst einen gigantischen Sprung vorwärts, eine Tatsache, die ihn selbstverständlich lähmt. Wer könnte, ohne zu verzweifeln, hundert Schritte auf einmal tun?

d) Es kann zu *Somatisierungen* kommen, die die Teilnahme des Körpers an der wegen der Grenzsituation verursachten Erschütterung zeigen.

e) Auch zu *Depressionen* kann es kommen, die sich manchmal bis zu Selbstmordgedanken steigern können.

g) Zu nennen ist auch die *erbitterte Klage* des Menschen gegen die unbekannten Weltmächte: „Warum gerade ich?"

Gerade diese Klage zeigt, daß der Mensch die Phase der Verneinung der Wirklichkeit überwunden und die Tatsache seiner Grenzsituation wahrgenommen hat und daß er jetzt vor der Aufgabe steht, etwas dagegen zu unternehmen, kurz, daß er bereit ist, den Weg vorwärts einzuschlagen.

Zuerst möchte ich aber am Beispiel eines konkreten Falles deutlicher zeigen, wie der Mensch in seinen Grenzsituationen reagieren kann, bevor er sie zu bewältigen anfängt.

Regina F., 35 Jahre alt, verheiratet und Mutter von drei Mädchen (die älteren, 18 Jahre alt, sind Zwillinge, und das jüngere 9 Jahre alt), kommt zur Behandlung wegen folgender Symptomatik: starke Herzbeschwerden, Atemschwierigkeiten (sie bekommt oft keine Luft und hat ein Erstickungsgefühl), Schweißausbrüche, Beklemmungszustände, gelegentlich Zittern, Depressionen und Schlaflosigkeit. Der Internist, den sie immer wieder verzweifelt aufsucht, findet nach gründlichen Untersuchungen keine körperliche Ursache für ihre Beschwerden und verweist die Patientin an mich. Auf meine Frage: Wann haben Sie zum ersten Mal diese körperlichen Symptome wahrgenommen?, gibt Regina die Antwort, daß diese mit der Geburt ihrer dritten Tochter angefangen haben, als der Arzt ihr sagte, daß das Kind nicht normal, sondern mongoloid sei, und sie den „vorwurfsvollen Blick" ihrer Schwiegermutter auf sich gespürt habe, obwohl die Schwiegermutter nie etwas darüber gesprochen habe. Seitdem fühle sie sich wie in einem Käfig eingesperrt. Sie habe keine Freiheit mehr, denn sie muß ihr ganzes Leben lang die mongoloide Tochter pflegen; das beengt sie und nimmt ihr die Luft weg. Sie bekommt Angst und Depressionen, wenn sie an ihre Zukunft denkt, denn alles schaut finster aus; es kann unter diesen Umständen keine Zukunft für sie mehr geben; aber auch keine gute Gegenwart. Sie kann wegen ihrer körperlichen Beschwerden und der Zukunftsangst nichts von ihrer Gegenwart genießen, obwohl sie „glücklich" mit ihrem um zwei Jahre jüngeren Mann verheiratet ist und ihre Zwillingstöchter sich sehr gut entwickelt haben. Sie haben sich jetzt selbständig gemacht und leben nicht mehr in der Familie.

Die Beziehung von Regina zu ihrer mongoloiden Tochter scheint ambivalent zu sein: einerseits tut Regina „alles für ihr armes Kind" und „liebt es über alles", wie sie überzeugt sagt; andererseits aber fühlt sie sich durch die Behinderung ihrer Tochter ständig erstickt und schämt sich sehr, wenn die Menschen auf der Straße das Kind spöttisch und mit Verachtung – wie sie meint – „anstarren". Dann bekommt sie eine große Wut auf die Menschen; sie möchte alle beschimpfen – was sie in Wirklichkeit nicht tut – und, wenn es möglich wäre, in den Boden versinken, um sich unsichtbar zu machen. Sie ist dann sehr aggressiv und läßt ihre Aggressionen – ihrer Meinung nach „selbstverständlich" – gelegentlich an ihrem Mann aus, obwohl ihr das nachträglich sehr leid tut. Sie kommt immer wieder ganz verbittert auf die Frage zurück: „Warum mußte gerade ich ein gestörtes Kind zur Welt bringen?" Und sie ergänzt gleich: „Obwohl ich meine Tochter über alles liebe".

In Wirklichkeit ist Reginas Tochter ein leichter mongoloider Fall und entfaltet sich innerhalb ihrer Möglichkeiten sehr gut; sie ist nicht so abhängig, wie Regina sie macht; sie ist ein fröhliches, lebenslustiges Kind, das alle Menschen auf der Straße mit Vertrauen anspricht; sie akzeptiert sich selber, so wie sie ist, und sie hat – objektiv gesehen – positive Zukunftsmöglichkeiten, die ihre Mutter noch nicht imstande ist zu sehen, obwohl die Lehrer des Kindes darüber anders mit der angstvollen Regina sprechen. Es scheint, daß Regina trotz ihrer überdurchschnittlichen Intelligenz die Wirklichkeit nicht so wahrnehmen und erleben kann, wie sie tatsächlich ist. Warum? Auf diese Frage kommen wir später zurück.

Der Weg vorwärts oder wie kann man helfen
(Möglichkeiten der Psychotherapie)

Unsere Untersuchung der Grenzsituation hat ergeben, daß sie zuerst das Kind im Menschen gemütsmäßig betrifft und dann an die reife Einsicht appelliert. Gerade auf dieser Fähigkeit des Menschen, in der krisenhaften Erschütterung am Anfang zu regredieren und dann vernünftig zu reflektieren, beruht die psychoanalytische Therapie. Das Paradoxe der menschlichen Entfaltung ist, daß sie in gewissen Werdephasen, z. B. in den Grenzsituationen, durch die Regression hindurch geht.

Für den regredierten Menschen bedeutet der „Weg zurück" etwas sehr Schmerzhaftes und Verwirrendes. Der Psychotherapeut sieht aber die Regression nicht nur als eine lästige Störung, sondern vielmehr als den einzigen Schlüssel, der ihn zu dem geheimnisvollen Rätsel, zu dem einmaligen personalen Kern dieser konkreten leidenden Person führen kann; als die einzige Chance, ihm in seiner Hilflosigkeit zu helfen, wenn der Mensch mit seinem Problem nicht allein fertig werden kann und die Hilfe des Therapeuten sucht.

Zwei Voraussetzungen von seiten des hilfesuchenden Menschen dürfen nicht fehlen, damit der Therapeut mit seinem Klienten wirksam arbeiten kann: der *Leidensdruck* und ein – trotz Störung und Regression – intakt gebliebenes Ich, an dessen Einsicht und Mitarbeit der Therapeut immer wieder appellieren kann.

Wie die Hilfe in einer Psychotherapie sich verwirklicht, ist schwierig darzustellen. Zum besseren Verständnis werde ich vier Abschnitte unterscheiden und beschreiben, die jedoch in der Wirklichkeit nicht voneinander getrennt betrachtet werden können, sondern vielmehr immer ineinander übergehen.

Der Anblick des Feindes in mir – Versuch einer ersten Selbstannahme

Regression bringt mit sich Aggression (wir werden später die Möglichkeit haben, den Grund dafür zu sehen). Eines der größten Probleme des regredierten Menschen (wie des Menschen überhaupt) ist es, gewisse Teile von sich selbst und hauptsächlich seine aggressiven Tendenzen, Wünsche und Gefühle zu akzeptieren, sie sogar lieb zu haben. Was ich mit „die eigenen Aggressionen lieb haben" meine, werde ich bald erklären. Tatsache ist aber, daß der Mensch seine Aggressionen meist als seinen größten Feind betrachtet, und zwar als einen Feind, der nicht mit ihm identisch, sondern seinem Ich fremd ist. Den Grund für diese Selbst-Entfremdung finden wir in der Erziehung. Das Kind hört von seinen Bezugspersonen wiederholt, daß Aggressionen „etwas Böses" sind, das nicht zu einer „normalen" menschlichen Natur gehöre. Es wird deswegen oft von seinen Eltern verurteilt und bestraft. Es hat vielleicht nicht selten innerlich gezittert, die Liebe seiner Eltern zu verlieren, sooft es „ein böses" und nicht „ein braves und gutes" Kind war, wie es – nach den Erwartungen seiner Eltern – sein sollte. Geliebt wird ja das „gute" und nicht das „böse" Kind. Auf Grund von solchen Verurteilungen der Erwachsenen entfaltet das Kind eine innere Angst vor „dem Bösen in sich" und betrachtet es nicht als eine Tendenz, die zu seiner eigenen Natur gehört, sondern als etwas Fremdes, das sein größter Feind ist, dem es aus dem Weg gehen soll. In der Seele des Kindes geschieht nun eine Spaltung, indem es das Böse einfach objektiviert und seine aggressiven Tendenzen verdrängt, d. h. sie auf keinen Fall zugibt und als seine eigenen wahrnehmen will. Wenn die aggressiven Tendenzen manchmal zu stark sind, um verdrängt zu bleiben, verschiebt sie das Kind gerne auf andere Personen: „*Sie* sind schuld und nicht ich." Oder wenn auch das nicht gelingen kann, betrachtet das Kind sich selber als „den größten Verbrecher" und bekommt Schuldgefühle und Minderwertigkeitsgefühle.

Wie leicht diese Selbst-Entfremdung passieren kann, möchte ich an einem charakteristischen Beispiel zeigen. Eine Klientin erzählte: Sie war ca. 30 Monate alt, als sie eines Tages sah, wie ihre Katze mit einer Maus spielte und sie lange Zeit quälte, bevor sie das Tierchen tötete. Das kleine Mädchen war von der „Macht" der Katze fasziniert, identifizierte sich mit ihr und ermunterte die Katze laut und froh, mit der Maus weiterzuspielen. In dem Moment kommen ihre Eltern in den Raum, sehen die Szene, und der Vater äußert unvorsichtig zur Mutter die Verurteilung: „Dieses Kind hat verbrecherische Instinkte." Die Kleine hörte die Worte ihres Vaters, erstarrte vor Angst, tauschte sofort die Rollen und identifizierte sich mit der „lieben armen Maus". Das Mädchen, das die Liebe des Vaters nicht verlieren wollte, blieb über 40 Jahre lang das Opfer anderer Menschen (wie das arme Mäuschen das Opfer der Katze war), bis wir in der Analyse nach langem Suchen die Wurzeln ihrer Fixierung entdeckten.

Auch Regina M. ist am Anfang der Analyse – wie bisher in ihrem Leben – nicht imstande, ihre Aggressionen gegen die mongoloide Tochter wahrzunehmen. Sie verdeckt sie mit Gefühlen, die gerade das Gegenteil bezeugen sollen, wie sehr sie das Kind liebt und daß sie sich für es ständig opfert. So halbiert und selbstamputiert kann ein Mensch aber nicht auf die Dauer leben, das zeigt seine neurotische Symptomatik. Dabei ist es eine der ersten und schwierigsten Aufgaben der analytischen Arbeit, die verdrängten aggressiven Gefühle des Menschen ans Licht zu bringen, sie ihm bewußt zu machen; weiter dem Menschen seine ambivalente Natur verstehen zu helfen, d. h. die Tatsache, daß er jede Person lieben *und* gelegentlich hassen kann, und ihn schließlich mit dieser seiner ambivalenten Natur zu versöhnen. Dies geschieht, indem der Mensch in der Therapie von seinem Analytiker aufgefordert wird, über alles, was in ihm passiert, ohne Angst und Selbst-Verurteilung zu sprechen. Dabei kann er sich, egal was er erzählt, von seinem Therapeuten immer akzeptiert fühlen. Der Analysand, der nun thematisch mit seinen

Ängsten konfrontiert wird, verbalisiert gewöhnlich zuerst sehr schwer. Je mehr er aber die Annahme seines Analytikers spürt, desto freier wird er sich aussprechen und desto fähiger wird er mit der Zeit, seine menschliche (gute und böse) Natur anzunehmen, sich mit ihr zu versöhnen und sie als eine Einheit zu betrachten, die ganz zu ihm gehört. Der aggressive Teil wird nämlich im Laufe der Analyse nicht mehr abgespalten, objektiviert und als ich-fremd, sondern als ich-synthon empfunden.

Für die meisten Menschen bedeutet das ein bisher noch nicht bekanntes Erlebnis, von einem anderen Menschen in ihren tiefsten Problemen und Ängsten angehört und ohne Verurteilung angenommen zu werden.

Diese gewisse erste Versöhnung des Menschen mit seiner ambivalenten Natur bringt wichtige Folgen für seine persönliche Entfaltung mit sich: Sie gibt ihm eine große Entlastung, denn damit wird das Gefüge der Ängste überhaupt lockerer, und ein Teil der überflüssigen Ängste hört ganz auf. Sie haben ihn bisher gehemmt, seine positiven Eigenschaften zu entwickeln. Der Mensch fühlt sich freier und kann von großen Schuldgefühlen und Minderwertigkeitskomplexen unbelastet atmen. Außerdem hört die große Angst vor der „Allmacht der Gedanken" mit der Zeit auf. Damit ist gemeint, daß der Mensch manchmal heimlich fürchtet, daß seine aggressiven Gedanken, die sich gegen eine bestimmte Person richten, dieser auch schaden könnten. Er spürt dabei Angst und Schuldgefühle. Diese Angst stammt aus der Zeit der Kindheit und gehört später zu dem „Kind im Menschen", das in den Grenzsituationen wegen der Regression wieder wach wird. Da der Mensch aber gewöhnlich vor der Analyse die Fragen des „Aggressiven" in sich noch nie richtig in Frage gestellt, sondern eher verdrängt hat, schleppt er seine kindliche Angst vor der „Allmacht der Gedanken" unreflektiert mit sich.

Mit der Analyse geschieht eine innere Umstellung des Menschen seinem Gefühlsbereich gegenüber. Er versteht langsam, daß er für das Spontane seiner guten und bösen

Gefühle nicht verantwortlich ist, daß er dafür gar nichts kann. Das gehört einfach zu der Wirklichkeit der menschlichen Natur, und es ist keine Frage der Schuld. Und diese Wirklichkeit, die die Eltern in seiner Kindheit verurteilt und bestraft haben, muß er endlich einmal akzeptieren lernen, sie sogar lieb haben, um mit ihr entsprechend umgehen zu können.

Die menschliche Person ist das einzige Wesen, das etwas mit seiner eigenen Natur anfangen kann. Der Mensch kann und soll sich selbst verstehen, bejahen und seine Natur als seine eigene anerkennen. Er kann und soll so an ihr arbeiten, daß er auf die Realisierung seiner bösen Wünsche und Gefühle verzichtet. Dafür ist der Mensch nämlich verantwortlich.

Die innere Umstellung mit der Hilfe der analytischen Arbeit erstreckt sich nicht nur auf den Gefühlsbereich, sondern auch auf andere Bereiche, die der Mensch bisher unreflektiert und blind als Feinde in sich empfand. Als solche wären besonders die tabuierten Bereiche zu betrachten, wie die Sexualität und das „Gescheiterte" in ihm, d. h. Idealziele, die er gerne hätte erreichen wollen, die er aber einfach nicht erreichen konnte. All dies wird in der Analyse zur Frage gestellt, verarbeitet und aus einer neuen Perspektive betrachtet, die den Menschen in einer Grenzsituation allmählich seiner inneren und äußeren Wirklichkeit näher bringt. Der Mensch muß zuerst eine richtige Kenntnis und Orientierung seiner persönlichen Grenzen bekommen und diese anerkennen, bevor er später die Kraft findet, das in der Grenzsituation in ihm ungenügend Gewordene zu sprengen, um neue Grenzen zu erreichen.

Eine Patientin bringt in diesem analytischen Stadium des „Versuches einer ersten Selbstannahme" folgenden charakteristischen Traum: sie hält in ihrer Hand ganz kleine neugeborene Küken. Eines nach dem anderen stirbt sofort dahin. Sie entschließt sich aber ganz fest, ein Küken am Leben zu erhalten und zum Wachsen zu bringen. Sie hält das Küken ganz warm in ihrer linken Hand und schützt es mit der rechten. Sie gibt dem fast leblosen Wesen mehr Wärme. Mit Freude merkt sie nach gewisser Zeit, daß das Küken ein klein wenig die Augen aufmacht und sich zu bewegen beginnt. Eine ältere Frau hat ihm aber den Schnabel abgeschnitten. Das Küken selber zieht nun den Schnabel zurecht, so daß es wieder gesund und munter aussieht. Die Patientin will jetzt das Küken füttern. Zuerst gibt sie ihm ganz leichte Nahrung, etwas dicke Milch, wie eine Art Joghurt. Das Küken bewegt ein wenig den Schnabel und frißt ganz wenig. Nun weiß die Träumerin, daß das Küken wachsen wird; am Anfang braucht es aber ihre Wärme, Liebe und Stütze.

Vom Jetzt zum Damals oder vom Anlaß zur Ursache

Bei der psychoanalytischen Arbeit können wir feststellen, daß nicht jeder *Anlaß* für den Ausbruch einer Krise in der Grenzsituation mit deren *Ursache* identisch ist. Die Ursache kann tiefer in der persönlichen Vergangenheit zurückliegen und latent bleiben, bis sie irgendwann einen Anlaß findet, manifest zu werden. Wo es sehr große Schwierigkeiten gibt, mit einer Grenzsituation fertig zu werden, ist das Problem gewöhnlich in den Wurzeln der Lebensgeschichte zu suchen, in unverarbeiteten Problemen und traumatischen Situationen der Kindheit.

Ich komme zurück zu Regina M. Sie gibt als Ausgangspunkt für ihre körperlichen und seelischen Symptome die Geburt ihrer mongoloiden Tochter an. Regina befindet sich in einer Krise, die seit zehn Jahren immer stärker wird. Sie kann die Enge ihrer bisherigen Grenzen nicht sprengen, um weitere Grenzen zu erreichen, innerhalb deren sie das mongoloide Kind ohne große Leidensfolgen annehmen könnte. Regina scheint fest zu glauben, daß sie vor der Geburt ihrer Tochter fast nie krank oder bedroht war. Und doch stoßen wir etwas später zu ihrem großen Staunen auf eine körperliche und seelische Symptomatik, die ganz analog zu ihrer gegenwärtigen Symptomatik ist. Sie stammt aber aus einer viel früheren Zeit, nämlich aus der Zeit ihrer ersten Kindheit.

Regina war das erste von vier knapp nacheinander geborenen Kindern. Der Vater – höherer Beamter – war ein überzeugter Nazi, der unter dem Einfluß von Alkohol fast jeden Tag seine Kinder schlug. Es gab für ihn Anlaß genug dazu, weil die Kinder seine hohen Ansprüche nie erfüllen konnten. Die Mutter war eine schöne, aber für die Gründung einer Familie nicht reife Frau. Sie schimpfte ihren Mann ständig, wurde dafür – ebenso wie die Kinder – von ihm geschlagen; sie arbeitete irgendwo und lehnte jede Verantwortung für ihre Kinder und für ihre Haushaltsaufgaben ab.

Regina hat „selbstverständlich" schon als kleines Mädchen den Platz der Mutter zu Hause eingenommen, sie hat gekocht und geputzt und die Geschwisterchen gepflegt. Sie fühlte sich für alles verantwortlich und schreckte vor keiner Arbeit zurück, um das äußerst seltene Lob ihres Vaters zu bekommen. Sie bewunderte ihn insgeheim und gab der „oberflächlichen Mutter" für alles die Schuld, aber sie zitterte ständig innerlich in der Erwartung neuer Schläge für sie oder für die Geschwister. Sie entwickelte dabei allmählich dieselbe körperliche und seelische Symptomatik wie jetzt; wenn sie vom Vater geschlagen wurde, ließ sie sich kein Gefühl des Leidens anmerken. Außerdem schämte sich Regina maßlos vor allen Menschen für ihre Eltern, die einander prügelten und beschimpften, und lebte nur in der Hoffnung, wenn sie erwachsen wäre, von zu Hause gleich wegzugehen.

Das hat sie mit 17 auch getan und ihre kindliche Problematik völlig verdrängt, bis ihre mongoloide Tochter geboren wurde und die alten, nur einfach verdrängten seelischen Wunden wieder aufbrachen. Was Regina bisher bewußt wahrgenommen hatte, war nur ihre gegenwärtige Symptomatik. Das Aufflammen der kindlichen Traumata kam ihr wegen der Verdrängung nicht zum Bewußtsein.

Die Aufgabe der therapeutischen Arbeit besteht nun darin, den engen Zusammenhang von damals und heute, d. h. von lebensgeschichtlicher Vergangenheit und Gegenwart zu zeigen, indem sie das Verdrängte auf dem analytischen Weg ins Bewußtsein bringt. Durch die Regression werden die unerledigten Probleme der Vergangenheit in Bewegung gesetzt. Sie sind die eigentlichen Verursacher der gegenwärtigen Krise, werden jetzt auf die Gegenwart projiziert und verstärken die Grenzsituation bis zur scheinbaren Ausweglosigkeit. Das hat auch seine gute Seite: der therapeutische Ausweg kann nur durch den Umweg über die Vergangenheit erreicht werden: indem der Leidende mit Hilfe der Analyse endlich das Unerledigte von damals verarbeitet, bewältigt er auch seine aktuelle Grenzsituation.

Der Feind von außen und seine Introjektion

Die Analyse bietet dem Menschen die einmalige Chance, seine Vergangenheit durch die rückblickende Bewußtwerdung noch einmal durchzulaufen, das Falsche in ihr zu sehen und nachträglich zu korrigieren. Das Verarbeiten des Unerledigten geschieht aber durch eine Lawine von Gefühlen hindurch, deren Ausbruch der Analysand oft sehr schmerzlich erlebt. Die Verdrängung geschieht, damit der Mensch von unerträglichen Inhalten entlastet wird, und die Analyse hat zum Ziel, das Verdrängte wieder ans Licht der Erinnerung zu bringen.

Ich werde mich hier nur auf ein paar für den Analysanden schmerzhafte Phasen der analytischen Verarbeitung beschränken, durch die er hindurchschreiten muß. Ich habe früher gesagt, daß eine erste Versöhnung des Menschen mit sich selbst durch das Einsehen und die Annahme seiner aggressiven Tendenzen geschieht. Seine Haß-Gefühle und -Wünsche hat der Patient aus Angst bisher verdrängt. Nun erlebt er ganz offen die Fehler, die seine geliebten ersten Bezugspersonen in seiner Erziehung gemacht und die Traumata, die sie in seiner Seele bewirkt haben. Jetzt fühlt er heftige Haßgefühle und erhebt nachträgliche Anklagen gegen sie. Er sieht sie für eine gewisse Zeit als Feinde, die mit ihren falschen Worten oder Taten einen Teil seines Lebens „unwiderruflich" – wie er meint – ruiniert haben. In dieser analytischen Phase kommt oft die Tendenz, daß der Analysand sich mit diesen Personen – wenn sie noch am Leben sind – hier und jetzt über die alten Situationen auseinandersetzen will, um das für ihn schmerzhafte Alte „endlich zu erledigen".

Oder es kommt auch zu einem Widerstand gegen die Analyse, wenn der Mensch kurz vor der Entdeckung von etwas Verdrängtem steht, das ihm wahrzunehmen widerstrebt, weil es ihm sehr weh tun wird.

Es bedarf längerer Zeit und Bemühung, bis der Analysand endlich gewisse für seine Entfaltung wesentliche Wahrheiten verstehen kann: daß „diese Feinde", die er zeitweise jetzt so haßt, sich nicht mehr außerhalb von ihm, sondern längst in ihm selbst befinden; daß sie einmal von ihm *introjiziert* worden sind; daß die adäquate Erledigung des Unerledigten nicht in einer gegenwärtigen Auseinandersetzung mit den noch lebendigen ersten Bezugspersonen liegt; daß er damit nur das traumatische Alte unreflektiert wiederholt; d. h. daß er sich unter einem *Wiederholungszwang* befindet; und daß er unbewußt sein Problem jeweils auf Personen und Situationen der Gegenwart überträgt. – Seine eigenen Projektionen sind es, die oft die Gegenwart viel schwieriger machen, als sie tatsächlich ist.

Regina M. versteht nach und nach, daß sie auf ihre Schwiegermutter und ihren „vorwurfsvollen Blick", den sie bei der Geburt ihrer mongoloiden Tochter zu sehen geglaubt hatte, den Blick ihres Vaters projiziert hat, für den die äußere Schönheit und die Gesundheit eines Menschen das höchste Prinzip war. Das Merkwürdige bei solchen Projektionen ist, daß der Mensch nicht die Person von heute projiziert, sondern die von seiner Kindheit. In diesem Fall projiziert also Regina den Vater ihrer Kindheit. Ihr Vater ist später ganz anders geworden, als er früher war. Er wurde Alkoholiker, ist vor 5 Jahren an Leberzirrhose gestorben und hat sogar das mongoloide Kind ganz spontan völlig akzeptiert.

Die Verwandlung ihres Vaters scheint aber Regina nicht zu beeinflussen. Sie bleibt dem alten Bild treu, das sie als Kleinkind introjiziert hat. Etwas später anerkennt Regina eine Analogie zwischen ihren gegenwärtigen Schamgefühlen vor den Menschen (wegen ihrer mongoloiden Tochter) und den Schamgefühlen ihrer Kinderjahre vor ihrer Umgebung wegen ihrer Eltern. Sie kommt bald selbst zur Erkenntnis, daß sie in ihre gestörte Tochter die Entstellung ihrer Elternfamilie projiziert und daß diese Projektion gerade einen wesentlichen Grund dafür bildet, warum Regina das mongoloide Kind nicht akzeptieren kann.

Die schwere Last von solchen Projektionen und Wiederholungszwängen ist eine Tatsache, die in der analytischen Arbeit leicht zu erkennen ist. Wir können aber weiter die Frage stellen, was haben diese seelischen Mechanismen beim erwachsenen Menschen für einen Sinn? Warum hören sie mit der Kindheit nicht auf, sondern leben weiter in dem Bereich der Seele, den wir früher „das Kind im erwachsenen Menschen" genannt haben? Sie können ja gar nicht aufhören, solange sie dem Menschen noch unbewußt sind (d. h. im Unbewußten gut aufgehoben sind). Obwohl es paradox klingen mag, dienen diese psychischen Mechanismen nicht nur den für die normale Entfaltung des Menschen hemmenden, negativen Zwecken, sondern auch im Gegenteil durchaus positiven.

Ein paar Worte zur Genese dieser seelischen Mechanismen: Das Kleinkind ist seinen Eltern und Bezugspersonen am Anfang seines Lebens machtlos und gänzlich ausgeliefert. Es erlebt manchmal von ihnen oder vom Leben selbst (wenn z. B. ein Elternteil sehr früh stirbt) Traumata, gegen die das Kind im Moment gar nichts unternehmen kann. Diese Traumata bleiben wegen ihrer Stärke in die kindliche Seele eingraviert und bilden dann das „Unerledigte" in ihr, das auf seine Erledigung wartet. Nur ist das Kind noch für eine adäquate Erledigung zu unreif; noch dazu ist es von diesen Personen ganz abhängig und zudem liebt es ja auch diese Menschen und kann ohne ihre Liebe nicht existieren.

Aus diesen Gründen ist es für das relativ ungestörte Weiterleben des Kindes oft notwendig, solche traumatische Situationen von seinem bewußten Horizont zu verdrängen. Die Inhalte kommen nun in den Bereich des Unbewußten, bestehen also weiterhin und drängen auf ihre Erledigung; das beweisen die verschiedenen Zwangswiederholungen; aber die Mittel, d. h. die Mechanismen, die sie von nun an verwenden, um ihre Anwesenheit zu zeigen und ihre Lösung endlich zu finden, sind eben Mechanismen des Unbewußten, die dem betreffenden Menschen ohne fachmännische Hilfe schwerlich bewußt werden können. Sie wurden ja einmal unbewußt, damit sie die Seele des Kindes nicht weiter belasten. Als unbewußte bleiben sie bestehen, auch wenn der Mensch erwachsen und von seiner menschlichen Umgebung mehr oder weniger unabhängig wird. Die unbewußten Mechanismen bleiben im Menschen immer wirksam. So projiziert er das Gestern seiner Kindheit, und zwar das Schmerzhafte seiner ersten Vergangenheit auf jede mögliche Leinwand seiner Gegenwart, ohne daß ihm etwas davon bewußt würde.

Weder der Akt der Projektion noch ihr jeweiliger Inhalt wird dem Menschen bewußt, weil die Mechanismen des Unbewußten entstellende Wege und Mittel verwenden. Was bewußt empfunden wird, ist eine oft maßlose Angst des Menschen vor Personen und Situationen seiner Gegenwart. Eine Angst, deren Ursprung er nicht kennt und mit seiner Logik nicht verstehen kann; das Unverständliche also; dann oft eine Hemmung seiner Fähigkeiten und – das Leiden. Wir können sagen, daß der Schatten der ersten lebensgeschichtlichen Vergangenheit die jeweilige Gegenwart des Menschen verdunkelt.

Der seelische Mechanismus der Verdrängung bietet also nur eine Teillösung bedrängender Lebensprobleme an, indem er dem Menschen die Möglichkeit gibt, etwas Schmerzhaftes einfach zu verdecken, es beiseite zu schieben, damit es nicht mehr so weh tut. Von der anderen Seite aber bringt die

Verdrängung ein neues Problem mit sich, das dem Menschen auf eine andere Weise zu schaffen macht, da sie das Problem nicht aus der Welt schafft, sondern es im Gegenteil verewigt. Das Verdrängte wirkt aus dem Unbewußtem heraus wie ein Gespenst, das durch Wiederholungszwänge und Projektionen ans Licht kommen und seine adäquate nachträgliche Lösung auf dem Weg einer bewußten Konfrontation des betreffenden Menschen mit ihm finden will. Die Verdrängung hilft sicher dem Kind für eine Zeit, da es noch zu schwach ist, um allein mit schmerzhaften Situationen fertig zu werden. Sie hilft sicher auch dem erwachsenen Menschen wieder für einige Zeit, um etwas Abstand von einem Problem zu gewinnen, das ihn zu vernichten droht, d. h. um seine Kräfte für eine spätere Konfrontation mit dem Problem zu sammeln. Sie bildet also nur eine provisorische Lösung, die den Moment der Auseinandersetzung mit der peinlichen Wirklichkeit verschiebt. Die Natur des Menschen kann aber ungelöste Probleme, die zu Gespenstern werden, nicht auf die Dauer vertragen, ohne dabei gestört zu werden. Deswegen sind die seelischen Mechanismen von Wiederholungszwang und Projektion nicht nur als entfaltungshemmend, sondern auch gleichzeitig als fördernde zu betrachten. Sie geben dem Menschen unermüdlich immer wieder die greifbare Möglichkeit, sie zu durchschauen und mit ihrer Hilfe zur Lösung des nur verschobenen, aber nicht gelösten Problems zu kommen.

Das Durchschauen seiner unbewußten seelischen Mechanismen und seiner Gespenster kann dem Menschen gewöhnlich nicht allein gelingen. Dazu braucht er Hilfe, und diese bietet ihm die Psychotherapie und ganz besonders die Psychoanalyse. Dem Menschen wird in der Analyse nach und nach klarer, daß er jetzt dem stürmischen Ausbruch seines Unbewußten nicht mehr hilflos und allein ausgeliefert ist, da er zwei wesentliche Stützen und Helfer hat. Die eine Stütze findet er in sich selber, in seinem eigenen „erwachsenen Ich", das ihm in seiner Kindheit noch fehlte, weil es noch nicht entfaltet war. Das „erwachsene Ich" kann zwar teilweise blockiert und gehemmt sein, es ist aber da, und der Mensch befindet sich nun auf dem Weg zu seiner Entdeckung. Die andere Hilfe findet er in der Person seines Analytikers, der ihn mit seinem Verständnis und mit seinem Einfühlungsvermögen auf diesem langen und schwierigen Weg geduldig begleitet. Die Person des Analytikers wird jetzt fast die ausschließliche Leinwand, auf die der Mensch die Inhalte seines Unbewußten, seine Gespenster projiziert. Es kommt zu Phasen einer positiven *Übertragung,* wo der Mensch seinen Analytiker als eine Idealperson erlebt (Produkt seiner eigenen Projektionen), und zu Phasen einer negativen Übertragung, wo er seine Aggressionen und seinen Haß am Analytiker ausläßt. Der verinnerlichte Feind des Menschen wird nämlich in solchen Phasen auf die Person des Analytikers projiziert. In beiden Phasen, der positiven und der negativen Übertragung, hat der Mensch mit der Hilfe seines Analytikers die Chance, die Projektionen seines eigenen Unbewußten zum ersten Mal als solche wahrzunehmen, und sich mit ihnen auseinanderzusetzen.

Diese offene Auseinandersetzung des Menschen innerhalb der Analyse ist die einzige, die die alten Wunden heilen kann; „heilen" in dem Sinne, daß der Mensch die Traumata, die ihm seine Bezugspersonen in seiner Kindheit verursacht haben, als eine Tatsache akzeptiert, deren Wirklichkeit er nicht mehr leugnen und auf keinen Fall ungeschehen machen kann. Der Wirklichkeit seiner alten Traumata ist der Mensch aber nicht mehr passiv leidend ausgeliefert, sondern er kann jetzt aktiv etwas mit ihr anfangen. Diese große innere Umstellung von der passiven Haltung zu dem Versuch einer aktiven Meisterung der Wirklichkeit ist für die persönliche Entfaltung von wesentlicher Bedeutung.

Der Mensch kommt zu der bitteren Erkenntnis, daß er die Bezugspersonen seiner Kindheit sowie die Bezugspersonen seiner Gegenwart gar nicht ändern kann; daß eine offene Auseinandersetzung mit ihnen oft überhaupt zu nichts Positivem führen könnte. Er sieht, daß Grenzsituationen auch einen Teil der Wirklichkeit bilden, die seine Person manchmal hart anfaßt, und die er nicht vermeiden und nicht soweit beeinflussen kann, daß das nie wieder passieren wird. Das Einzige, was der Mensch ändern kann, und was in seiner Verfügung steht, bleibt die eigene Person und ihre Umstellung von der passiven Unterworfenheit zur aktiven Gestaltung. Zu der gehört auch der Versuch einer Annahme „des Feindes", der von der äußeren Wirklichkeit kommt.

Von der Analyse zur Synthese: Ich finde meine Grenze

Der Mensch kommt zur Psychotherapie mit einem Leidensdruck, dessen Last er nicht mehr allein ertragen kann und weswegen er die Hilfe des Therapeuten sucht. Die Ursache für seinen Leidensdruck liegt gewöhnlich viel tiefer – wie wir im Beispiel von Regina M. gesehen haben –, als der leidende Mensch selber meint. Es gibt aber Anlässe, die den schon vorhandenen Leidensdruck nicht nur bis zu seiner Spitze treiben, sondern ihn mit neuen Problemen belasten und damit vergrößern können. Grenzsituationen sind besonders charakteristisch dafür. Regina M. kommt zum Beispiel unter der Wirkung eines Schicksalsschlages in die Therapie.

Wie sich auch der Anlaß des hilfesuchenden Menschen jeweils gestalten mag, der Mensch gerät während der analytischen Bearbeitung seiner Probleme in eine weitere Grenzsituation, die die tiefere Ursache für sein gegenwärtiges Leiden bildet, und deren Verarbeitung und Bewältigung von fundamentaler Bedeutung für seine personale Entfaltung ist. Ich möchte diese weitere Grenzsituation, die von der analytischen in Gang gesetzt wird, „die Grenzsituation der Überwindung der frühen Vergangenheit" nennen. Gewiß kann eine Grenzsituation allein schon dem Menschen viel Leid verursachen. Solange er sich aber mit dem Traumatischen und Unerledigten, kurz mit den „Gespenstern" aus seiner frühen Kindheit, noch nicht direkt konfrontiert hat, wird von diesem Hintergrund her das Problem der Gegenwart verstärkt, und es kommt zu keiner richtigen Lösung.

Erst wenn der Verstärkungsfaktor von gestern aufgearbeitet und einigermaßen überwunden ist, bekommt der Mensch die Möglichkeit, sein akutes Leiden mit anderen Augen zu sehen. Was die Psychotherapie will, ist die Konfrontation des Menschen mit seinem Leiden, sei es verdrängt oder bewußt. Was sie nicht kann, ist, ihm eben diese Konfrontation zu ersparen. Dies ist seine ausschließlich persönliche Aufgabe, die ihm niemand abnehmen kann.

Zur Bearbeitung „der Grenzsituation der Überwindung der frühen Vergangenheit" gehört nicht nur die Bewußtmachung von verdrängten Gefühlen und Erlebnissen. Zwei weitere Schritte sind darüber hinaus für deren Bewältigung notwendig.

Erstens: eine möglichst klare Abgrenzung meines Ich von den fremden Instanzen in mir sowie meine innere Ablösung von ihnen

Dahinter steht der Gedanke, daß der Mensch seine Grenze, wenn es von Zeit zu Zeit von der Wirklichkeit gefordert wird, nicht richtig sprengen und damit erweitern kann, wenn er sie nicht einmal kennt. Und er kennt sie nicht, solange er die von ihm introjizierten Instanzen noch nicht durchschaut hat. Damit sind jene engen Bezugspersonen gemeint, die einmal das Kind entwicklungsnotwendig introjiziert hat, als das eigene Ich noch nicht genug entfaltet war, um die Führung des eigenen Lebens zu übernehmen. Die introjizierten (d. h. hereingenommenen, in eine eigene innere Instanz verwandelten) Personen haben damals die Über-Ich-und die Ich-Ideal-Funktion ausgeübt, deren Forderungen und Ansprüchen, deren Meinungen und Kritik das Kind unterworfen war. Der Mensch hatte sie einmal in seiner ersten Kindheit blind übernommen, und er kann ihnen automatisch und unreflektiert auch viel später gehorchen, sie sogar als eigene gemeint weitergeben. Wir können zeigen, daß solche Instanzen im erwachsenen Menschen noch immer vorhanden und wirksam sein können.

Ein Beweis wäre zum Beispiel die Unterworfenheit unter dem „Man" und das Zu-kurz-Kommen der eigenen Meinung. Das heißt: der Mensch versteckt sich hinter Ausdrükken wie: „Man tut so was nicht", „Man darf an so was nicht denken", oder die andere Variation: „Ich habe dies oder jenes so von meinen Eltern übernommen, und so gebe ich es einfach meinen Kindern weiter" ... und hat Angst, seine eigene Meinung zu bilden. Oder der Mensch leidet an Schuldgefühlen, er findet sich fast nie in Ordnung und präsentiert mehrere Gründe dafür, die einer genaueren Prüfung einfach nicht standhalten können. Das wäre ein Zeichen, daß das Über-Ich dieses Menschen noch immer die Oberhand hat und daß die Bildung des eigenen Gewissens, Produkt einer gewissen Reife und Autonomie des Menschen, noch nicht richtig stattgefunden hat. Oder es setzt sich der Mensch Ziele und Ideale, die gar nicht zu seiner Person passen, und die er deswegen auch nie erreichen kann und leidet dann unter „seinem" Versagen. In solchen Fällen wäre ein noch stark vorhandenes Ich-Ideal zu sehen, von dessen Diktat der nun erwachsene Mensch noch immer abhängig ist.

Solche Abhängigkeiten laufen unbewußt, und Aufgabe der Analyse ist, dem betreffenden Menschen zu helfen, sie allmählich bewußt zu machen. Der Mensch hat jetzt die Möglichkeit, sich selber für seine Entfaltung fundamentale Fragen zu stellen: „Was meine *ich* in diesem oder in jenem Fall?" „Warum spüre *ich* eigentlich diese Schuldgefühle?" oder: „Stammen jene Ideale und Erwartungen *aus mir?* Sind sie tatsächlich *meine?*", „Was erwarte *ich* von mir und von meinem Leben?", oder: „Wie schaut es eigentlich aus, dieses *mein* Ich?"

Das Gewicht liegt bei allen solchen Fragen auf dem eigenen Ich, auf der Bildung der eigenen Meinung, die nun Produkt einer bewußten Reflexion ist und nicht mehr ein blind übernommenes „Man".

Zwei Fragen zu klären, scheint mir hier notwendig zu sein, um eventuelle Mißverständnisse zu vermeiden: Der Mensch kann solche Fragen nicht ein für allemal beantworten und seine Meinungen für immer festlegen; kurz, er kann nicht denken: „Das sind nun meine Grenzen und jetzt Schluß." Das Leben stellt ihm immer neue Fragen, und der Mensch muß eben, was seine Meinungen und seine Grenzen betrifft, beweglich bleiben. Ferner haben wir es hier nicht mit einer revolutionären neuen Widerstandshaltung zu tun, wo der Mensch zu sich selber sagen kann: „Bisher war ich unbewußt meinen verinnerlichten Instanzen unterworfen, von nun an kann ich einfach das Gegenteil machen und Freude daran gewinnen." Das wäre wiederum eine ebenso blinde und heteronome Haltung wie die frühere, von den gleichen kindlichen Mechanismen getrieben und nicht von einer freien und reifen Reflexion geformt. Es handelt sich vielmehr um die Umstellung, um die neugewonnene innere Haltung des Menschen, um seine Bereitschaft, seine eigenen Meinungen zu bilden, seine eigenen Ziele zu setzen und unter seine Gewissenskritik zu stellen.

Damit ist aber der nächste Entwicklungsschritt eng verbunden, nämlich die allmähliche Ablösung und Befreiung des Ich von seinen introjizierten Instanzen, das Ende der automatischen Abhängigkeit von ihnen. Der Mensch hat in der Analyse eingesehen, daß es für den Erwachsenen nur eine einzige richtige Orientierungsquelle gibt: die konkrete Wirklichkeit, sei es seine innere, sei es die äußere Wirklichkeit. Das wird nun sein Maß, an dem er sich selbst, seine Meinungen, Erwartungen und Gewissensfragen jeweils messen kann. Die Ablösung von seinen verinnerlichten Instanzen fällt dem Menschen sicher nicht leicht, denn sein Gefühl hängt an ihnen. Er hat aber mit der Hilfe der Analyse dieses Gefühl in seiner Ambivalenz durchschaut und als zu seiner Vergangenheit gehörend erkannt. Es handelt sich jetzt um seinen Verzicht auf etwas, was er bisher hatte; und der Verzicht tut ihm eventuell noch weh. Aber er kann nicht mehr zurück, jetzt, wo er die Wirklichkeit entdeckt hat. Das heißt, er könnte zurück und weiterhin abhängig bleiben, wenn er das wollte. Das liegt in seiner persönlichen freien Entscheidung. Jetzt ist ihm aber bewußt, daß diese Art von Abhängigkeit zu der Haltung des „Kindes im Menschen" gehört und dem „erwachsenen Ich" und der personalen Reife schadet. Auf diese Weise lernt der Mensch, die große Schwierigkeit des Verzichten-Müssens zu überwinden; Verzichten bildet ja das Hauptcharakteristikum und die Schwierigkeit des Menschen in einer Grenzsituation. So gewinne ich aber allmählich Freude am Suchen und Gestalten des Eigenen, an der Entdeckung meiner Grenze, am Mitgehen mit der Wirklichkeit.

Gegen das Ende ihrer Analyse sagte eine 23jährige Analysandin zu mir ganz überrascht: „Merkwürdig, bis jetzt dachte ich immer, was meine Eltern zu diesem oder jenem Thema sagen würden, und jetzt denke ich nur, ob es mir selber gefällt oder nicht; was sage *ich* dazu? Die Meinung meiner Eltern interessiert mich eigentlich nicht mehr. Natürlich ist mir klar, daß ich nicht alle meine Meinungen realisieren kann. Es kommt auf die Wirklichkeit an."

Eine andere Analysandin brachte in dieser Verarbeitungsphase folgenden Traum: „In einem Raum sind alle meine geliebten Menschen, die Toten, aber auch meine lebende Mutter, versammelt. Ich muß von diesem Raum weit weg, ich muß fortfliegen, verreisen. Wie ich im Flughafen zu der Paßkontrolle komme, gehe ich weiter, ohne zu meinen geliebten Menschen zurückzuschauen. Ich erschrecke etwas, denn meine Haltung scheint mir einerseits herzlos meinen geliebten Menschen gegenüber, andererseits empfinde ich sie aber als erlösend. Ich gehe weiter meinen Weg, geradeaus."

Zweitens: eine neue Einstellung zu den Zeitdimensionen

Nicht nur eine gewisse innere Ablösung von seinen verinnerlichten Instanzen erreicht der Mensch im Laufe der analytischen Verarbeitung, sondern auch seine Zeitdimensionen kann er allmählich mit neuen Augen betrachten; sie bekommen eine andere Perspektive, die ihn mit der Zeit sehr entlastet. Seine *Vergangenheit* war zum Beispiel immer sein bevorzugter Zufluchtsort, jedesmal, wenn ihn die Wirklichkeit enttäuscht hat und er unbewußt den Weg der Regression suchte. Diese Tendenz nach rückwärts hat er nun mit der Hilfe der Analyse durchschaut. Sie läuft nicht mehr mechanisch und unbewußt. Der Mensch kann seine Projektionen als solche verstehen – falls sie trotzdem wieder passieren – und seine verborgenen Absichten ans Licht bringen und verarbeiten. Vielmehr hat er nach und nach eingesehen, daß er seinen bisherigen Zufluchtsort und seine Gespenster nicht mehr braucht, in dem Sinne, daß er von ihnen eine adäquate Hilfe und Lösung seiner akuten Probleme erwarten könnte. Wir können sagen, daß der Mensch eine gewisse Distanz von seiner Vergangenheit gewinnt, daß er Abschied von ihr nimmt, obwohl sie doch seine erlebte Basis bleibt. Zwar kann er nichts von ihr ausradieren und ungeschehen machen, aber auch nichts von gestern auf dieselbe Weise heute nachholen. Die Beziehung zu der persönlichen Vergangenheit wird einfach anders.

Ebenso bekommt die Beziehung zur *Gegenwart* einen neuen Aspekt. Sie gewinnt an Sinn und Bedeutung mit dem Übergang des Menschen von der passiven zur aktiven Haltung. Der Mensch entwickelt langsam die Fähigkeit, seine Wirklichkeit konkret zu erleben, sie zu genießen, sie zu meistern oder sie einfach zu akzeptieren, „ja" zu ihr zu sagen, wo er sie nicht mehr ändern kann. Er gewinnt Freude daran, seine eigenen Möglichkeiten zu entdecken und zu entfalten. Dazu verliert er vielleicht auch seine einseitige Haltung, nur das Schlimme von der Wirklichkeit zu registrieren. Mit der Zeit kann er auch die guten Aspekte in ihr sehen und Risken auf sich nehmen, indem er neue Wege probiert. Kurz: der Mensch sucht und findet einfach Sinn, wo er bisher verzweifelt nur Unsinn gesehen hat. Er entwickelt mit der Hilfe der Analyse eine neue Orientierung, wo der Boden unter seinen Füßen wieder fest steht, und nicht mehr wackelt wie früher.

Was die *Zukunft* betrifft: sie verliert die Alptraummacht, die den Menschen immer wieder bedroht hatte. Der Mensch, der sich in einer Grenzsituation befand, sah in seiner Zukunft eine Gefahr, vor der er panische Angst empfand. Er meinte, er müsse die ganze Zukunft auf einmal, mit einem Sprung realisieren, was ihn noch mehr gelähmt hat. Mit der Zeit gewinnt er die Einsicht, daß die Zukunft nur mit kleinen Schritten zu verwirklichen ist, die er selber zuerst planen und dann langsam probieren kann. Planen und Vertrauen gewinnen, und zwar als Selbstvertrauen, als Vertrauen zum Mitmenschen und in die Zukunft gehören ebenso zur neuen Beziehung des Menschen, zu seiner Wirklichkeit, wie eine innere Bereitschaft, für das Unerwartete und Ungeplante offen zu bleiben, das jederzeit im Leben kommen kann. Eine besonders wertvolle Einsicht, die der Mensch von seiner neuen Wirklichkeitsorientierung und -beziehung bekommt.

Zur Dialektik der Verarbeitung

Die menschliche Natur schließt einander entgegengesetzte Elemente in sich, wie: die Ambivalenz der Gefühle, daß der Mensch für eine ihm nahestehende Person gleichzeitig liebevolle und aggressive Gefühle empfinden kann; weiter den Gegensatz des Bewußten und des Verdrängten; schließlich eine Entfaltungs- und eine Trägheitstendenz, die abwechselnd zur Geltung kommen.

Aufgrund dieser Gegensätze im Menschen können wir sagen: Es gibt in ihm ein dialektisches Prinzip; seine personale Entfaltung steht unter dem Gesetz der Dialektik, das sich als Abfolge von Thesis, Antithesis und Synthesis darstellt. Die Aggression muß etwa wieder in ein positives Gefühl verwandelt werden; das Verdrängte, das den Menschen beschwert und seine Möglichkeiten hemmt, muß bewußt und das Erstarrte fließende Entfaltung werden; wobei der eine Gegensatzpol dabei nicht vernichtet, sondern in dem anderen Pol in einem neuen Sinn aufgehoben wird.

Wie dies vor sich geht, zeigt uns die analytische Bearbeitung. Ich möchte als „*Thesis*" die „naive Alltagsvorstellung" des Menschen nehmen. Damit meine ich, daß jeder Mensch

Perioden in seinem Leben hat, in denen er das Gute, das ihm gegeben ist oder das er selber erworben hat (z. B. Gesundheit, Liebe, Beruf, Kinder), als eine Selbstverständlichkeit betrachtet, über die er sich keine weiteren Gedanken mehr zu machen braucht. Er meint, es bleibt ihm sowieso erhalten und schätzt es nicht besonders. Er fühlt sich geborgen, gewöhnt sich daran, er lebt mehr oder weniger eine Zeitlang in einer Routine und in einer Passivität, aus der er nicht heraus will. So kann es auch im Negativen sein: Der Mensch akzeptiert sich selber wenig, oder er lebt in ungünstigen Bedingungen und meint, daß er da nichts mehr ändern kann, daß es für immer so sein wird.

Nach einer gewissen Zeit bricht aber die „Antithesis" auf, entweder in der Form von starkem Leidensdruck oder als eine Grenzsituation, und erschüttert und negiert die naive Alltagsvorstellung durch und durch, indem sie alles Bisherige von den Wurzeln her in Frage stellt. Der Mensch kann in einer solchen revolutionären Situation nichts anderes tun, als das Problem entweder allein oder mit einer Hilfe – wenn die Erschütterung zu groß ist, um allein mit ihr fertig zu werden –, verarbeiten und es neu und wirklichkeitsentsprechend beantworten. Eine solche wertvolle Hilfe bietet die psychoanalytische Verarbeitung an. Wie der von einer Grenzsituation oder vom Leidensdruck erschütterte Mensch am Anfang reagiert (Fluchttendenz, Angst, verbitterte Klage) und später handeln kann (Appell an das „erwachsene Ich") und wie eine analytische Bearbeitung abläuft, habe ich bereits gezeigt. Ich möchte nur ergänzen, daß die therapeutische Arbeit einer richtigen Ausgrabung ähnelt, die Funde ans Licht bringt, von denen der Mensch keine Ahnung hatte oder haben wollte, daß er sie in sich trug. Sie stellt manches auf den Kopf, indem sie z. B. das gemeinte Fremde als Eigenes zeigt (Aggressionen, Projektionen usw.) und das Eigene als Fremdes (introjizierte Instanzen, blind Übernommenes, während der Mensch glaubte, daß es sich um Eigenes handelte ... usw.).

In der Phase der *Synthese* wird das während der Analyse

oder wegen der Grenzsituation auf den Kopf Gestellte aufgrund der inneren Umstellung des Menschen und seines Überganges von passiver Haltung zur aktiven Gestaltung auf den Boden der Wirklichkeit kommen. Etwas wird dabei aufgegeben, Neues wird gewonnen und das Gültige aus dem Alten wird auf eine neue Ebene gehoben. Aufgegeben wird zum Beispiel die „naive Alltagsvorstellung"; die Tendenz, sich an die Gespenster der Vergangenheit klammern zu wollen; ein Teil des blind Übernommenen. Gewonnen wird die neue Einstellung, mit der der Mensch nun seine Vergangenheit, sich selbst und seine eigenen Möglichkeiten betrachtet und entfaltet. Auf-gehoben wird die personale Vergangenheit, indem der Mensch eine ganz neue Beziehung zu ihr entwickelt. Er ist ihr nicht mehr blind und machtlos unterworfen und ausgeliefert, sondern er steht ihr in einer kritischen Distanz gegenüber. Er kann von ihr lernen, sich aktiv bilden, und er hat sie gegen Schluß seiner analytischen Verarbeitung meist versöhnend akzeptiert. Trotz der tiefen Narben, die sie vielleicht enthält, bildet sie ja weiter seine eigene Vergangenheit, die Basis und die konkrete Wirklichkeit, aus der heraus seine Person sich entfaltet. Eben weil seine Vergangenheit so und nicht anders gelaufen ist, hat der Mensch mit der Verarbeitung seines Leidensdrucks oder seiner Grenzsituation die Möglichkeit, diese Persönlichkeit zu werden, die er eben geworden ist und zu der er nun „ja" sagt. Wenn der Mensch imstande ist, ja zu seiner Person zu sagen, dann wird er auch imstande sein, seine Vergangenheit — wie sie auch war — ebenso zu bejahen.

Die menschliche Liebe als Grenzsituation

Die analytische Erfahrung, aber auch die Selbsterfahrung zeigen, daß nicht nur das Unangenehme, Bedrohliche und Unerwünschte Grenzsituationen auslösen können, sondern auch das Angenehme, das Beglückende und Erwünschte, so daß wir dementsprechend zwischen zwei Kategorien von Grenzsituationen unterscheiden können. Charakteristische Beispiele für die erste Kategorie sind unter anderem Krankheit, Schicksalsschlag, Leid, Lebensabend, Trennung, Tod und für die zweite: das Erwachsen- und damit Autonom-Werden, die Berufswahl, die Partnerwahl, die Mutterschaft... Es wird hier nicht behauptet, daß die erwähnten Ereignisse aus beiden Kategorien unbedingt zu Grenzsituationen führen. Die Möglichkeit besteht aber. Entscheidend, ob ein solcher Vorfall eine tiefe Erschütterung und damit eine Krise in der Seele des Menschen bewirkt oder nicht, ist hauptsächlich, ob der Betroffene eine relativ gute oder eine gestörte und traumatische Kindheit erlebt hat.

Ich möchte ein Beispiel aus der zweiten Kategorie nehmen und Gründe darin suchen, warum ein vom Menschen erwünschtes und sein Leben beglückendes Ereignis in ihm trotzdem eine Grenzsituation auslösen kann. Die Liebe, und zwar die zwischen Mann und Frau, scheint mir von ihrem Wesen her das geeignetste Beispiel zu sein. Ob sie den bewußten Hauptgrund dafür bildet, daß der Mensch die analytische Hilfe sucht, oder ob die Problematik dem Analysanden diesbezüglich erst in späteren analytischen Stunden bewußt wird, ist nur eine Zeitfrage und hängt vom Anlaß seines Leidens oder der Grenzsituation ab, der ihn zum Analytiker gebracht hat. Früher oder später wird aber die Liebesproblematik im therapeutischen Verlauf thematisch und gründlich zur Frage gestellt. Meine Absicht ist hier nicht, über die erotische Liebe zu schreiben, sondern nur die Frage zu bearbeiten, warum die Liebe zwischen Mann und Frau die betreffenden Menschen zu einer Grenzsituation führen kann. Sie braucht das nicht, es kann aber leicht der Fall sein.

Bei näherer Betrachtung hat die erotische Liebe mit den Grenzsituationen aus der ersten Kategorie des Unerwünschten und Bedrohlichen viel gemeinsam, indem sie alle ihre Hauptmerkmale enthält. Der Mensch, der liebt, muß zum Beispiel viel von seinem bisherigen Leben, von seinen Gewohnheiten, Beziehungen und Vorstellungen zugunsten seiner Liebe aufgeben. Dann muß er neue Möglichkeiten in sich entfalten und seine Grenze für ein Du öffnen und erweitern. Die Liebe verlangt eine Größe, die der Mensch nicht ohne tiefe und harte Arbeit an seiner Person erreichen kann. Auch der Muß-Charakter ist bei der Liebe vorhanden. Sie ist zwar ein Wunsch, und doch auch wie ein Muß, denn der Verliebte kann ja nichts anderes, als diesen konkreten Menschen lieben. Die Riesenklage an das Leben: „Warum gerade ich?" kann hier fehlen. Es kommt aber später zu anderen analogen Klagen, wie wir weiter sehen werden. Die persönlichen Zeitdimensionen werden ebenso in Frage gestellt. Die Gegenwart, so wie sie bisher gelebt wurde, erweist sich für die neue Situation der Liebe als ungenügend. Etwas Wesentliches muß zu ihr noch dazukommen. Die Zukunft schaut unsicher aus, denn der verliebte Mensch hat keine Garantie dafür, daß die geliebte Person ihn „für immer" lieben wird, wie er das gerne haben möchte. Auch die Vergangenheit wird stark in Anspruch genommen. Nicht weil der verliebte Mensch gleich die Zuflucht bei ihr suchen wird, wie bei den unerwünschten Grenzsituationen. Solche Fluchtphasen können später eintreten. Die Vergangenheit wird aber angesprochen, da die Liebe einfach die Regression begünstigt. Obwohl sie den Menschen in seiner Ganzheit trifft, appelliert die Liebe ja gerade primär an den Gefühlsbereich und nicht an die Logik des Menschen.

Hauptmerkmale des angestrengten Gefühlsbereiches sind: die Ambivalenz der Gefühle, das Haften am Vergangenen und besonders am Traumatischen, am Problematischen und Verdrängten sowie seine Bewegung nach rückwärts und nicht nach vorwärts. Diese Bewegung zurück geschieht unbewußt; auf einmal kann die ganze Gefühlsgeschichte des Menschen mit ihren Frustrationen, den unerfüllten Wünschen und Erwartungen in anderen Liebesbereichen und mit ihren Ängsten, von seiner ersten Kindheit her wach werden.

Was von der Vergangenheit des Gefühlsbereiches des verliebten Menschen in Bewegung gesetzt wird, hängt eng mit der Erscheinung, den Eigenschaften und dem Benehmen der geliebten Person zusammen. Ähnlichkeiten mit den ersten Bezugspersonen des verliebten Menschen werden von ihm unbewußt gesucht und registriert und solche Ähnlichkeiten provozieren beim Menschen positive und negative Reaktionen; denn egal ob die Ähnlichkeit des geliebten Menschen mit den Bezugspersonen des Verliebten oder auch mit ihm selber in ihm angenehme oder unangenehme Gefühle mobilisiert, es verläuft der ganze Prozeß wiederum auch unbewußt, betrifft gewöhnlich unerledigte Situationen aus der Vergangenheit und hat mit der konkreten Gegenwart oft wenig zu tun. Insofern ist das Benehmen des verliebten Menschen diesbezüglich keine adäquate Antwort auf die Gegenwart. Es wird vielmehr von alten, verdrängten Motiven getrieben, die „das Kind im Menschen" mit seinen unerfüllten Erwartungen, Wünschen und Ängsten wach macht, die nun auf die Person des geliebten Menschen projiziert werden. Der Weg zur Projektion der eigenen Gespenster auf die geliebte Person wird auf diese Weise frei.

Ein dialektisches Prinzip ist in der erotischen Liebe besonders deutlich zu erkennen, denn Liebe entfaltet sich ja in einem dialektischen Dreischritt: In der Phase der *Thesis* haben wir mit einer naiven Vorstellung des verliebten Menschen von seiner geliebten Person zu tun (mit „naiv" meine ich hier: noch vom Menschen unverarbeitet; eine Mischung von Wirklichkeit und eigenen unbewußten Projektionen auf sie, die das Sosein der Wirklichkeit entstellen). In diesem Stadium können wir eigentlich nur von Verliebtheit und noch nicht von wirklicher Liebe reden. Was hier von primärer Bedeutung ist, ist nicht die Person des geliebten Menschen, so wie sie tatsächlich ist, sondern die eigenen Projektionen und Erwartungen an sie; das wird am Anfang geliebt. Der verliebte Mensch verleiht seiner geliebten Person Eigenschaften, die sie tatsächlich nicht hat und erwartet von ihr in einer hungrigen Nachholtendenz die Realisierung möglichst vieler frustrierter Wünsche aus seiner Vergangenheit. Nicht nur das in der Vergangenheit Versagte bewirkt falsche Erwartungen von der Gegenwart, sondern auch das Gegenteil davon.

Ein Mensch zum Beispiel, der in seiner Kindheit von seinen Bezugspersonen oder von einer von ihnen, über das Maß geliebt worden ist, kann auch in der Gegenwart eine übermäßige Liebe von dem Geliebten erwarten. Wie dem auch sei, der Mensch ist in dieser ersten Phase in ein Idol-Bild verliebt, das für eine gewisse Zeit die ausschließliche Leinwand seiner Projektionen wird (wir können es auch Phantom-Bild nennen, da die geliebten Eigenschaften in der Wirklichkeit nicht existieren; deswegen können die gestellten Erwartungen von ihm auch nie realisiert werden).

Das Unangenehme und das die Erwartungen Störende, das von der Wirklichkeit des geliebten Menschen kommt, wird noch verdrängt. Die Tendenz des Nehmen- und nicht die des Geben-Wollens ist dabei dominierend. Der verliebte Mensch ist während dieser Phase mehr ich- als dubezogen, mehr der Vergangenheit und weniger der Gegenwart zugewandt. Hier sind die Grenzen zwischen ich und du noch gar nicht klar gezogen, die beiden sind eher ineinander verschmolzen, wie in der Zeit des Größenselbst und der Allmachtsphantasien - im Sinne von Kohut -, wo das Baby seine Person von der Person der Mutter noch nicht als getrennt, sondern als mit ihr identisch empfunden hat. Einen analogen Zustand, der sich über die Wirklichkeit erhebenden Euphorie fühlt der verliebte Mensch während der ersten Zeit seiner Verliebtheit. Bei diesem Gefühl der Verschmelzung der Grenze zwischen den beiden ineinander verliebten Personen handelt es sich noch um keine „Wir-Situation" im eigentlichen Sinne der Liebe, sondern, extrem gesagt, um eine provisorische narzißtische Selbstbezogenheit zu zweit. Der geliebte Mensch wird als ein Teil von sich selbst empfunden und seine Existenz als selbstverständlich nur sich selbst gehörig.

Diese Phase kann gewöhnlich nicht lange dauern, denn von der Wirklichkeit her meldet sich ständig die *Antithesis* zwischen dem Idol-Bild des Verliebten und dem konkreten

145

Sosein der geliebten Person. Es kommt zu Spannungen, die ständig zunehmen, solange der verliebte Mensch noch nicht bereit ist, auf sein Idol-Bild und auf seine Erwartungen zu verzichten, die nicht zu realisieren sind. Früher oder später führen die Spannungen zu einer tiefen Krise, denn dem Menschen bleibt nichts mehr anderes als die direkte Konfrontation seiner Gespenster mit der konkreten Wirklichkeit. Es handelt sich dabei um die besonders kritische Phase, deren Ausgang zeigt, ob die Verliebtheit zu einer echten Liebe wachsen kann, oder ob die beiden Menschen außer ihren Projektionen, die sie nun aufzugeben gezwungen sind, nichts mehr Gemeinsames aneinander finden und nun auseinandergehen werden. Es gibt vorübergehend auch eine dritte Möglichkeit, bei der die verliebten Menschen ihre Projektionen auf die Person des anderen auf keinen Fall aufgeben. Sie bleiben weiter zusammen und leben eine Pseudo-Bindung an der Wirklichkeit vorbei, bis sie mit ihr schließlich scheitern.

Ein solches Beispiel dieser dritten Möglichkeit finden wir im Theaterstück „Der Vater" von August Strindberg. Die Frau fühlt für ihren Mann nur mütterliche Gefühle, der Mann nährt sie mit seinem neurotischen Benehmen. Diese Beziehung macht ihr Leben zu einem grausamen Chaos und führt zum Wahnsinn und dann zum Tod des Mannes, während die Frau „über ihren Sieg" triumphiert wie eine „Omphale" (wie ihr Mann sie kurz vor seinem Tod nennt).

Diese Phase der Konfrontation des verliebten Menschen mit der Wirklichkeit ist hart. Ob sie kurz oder lang dauern wird, hängt mit der Hartnäckigkeit der Projektionen zusammen sowie mit der Entscheidung des verliebten Menschen, sich von seinen Gespenstern zu trennen und auf seine Erwartungen aus der Vergangenheit zu verzichten, damit er seine Liebe in der Gegenwart aufbauen kann. Eine solche Entscheidung reift etwas später, wenn der Mensch schon verstanden hat, daß der Störfaktor in seiner Liebe aus seinen eigenen Projektionen und utopischen Erwartungen kommt. Die Entscheidung des Menschen für die geliebte Person und gegen die eigenen Gespenster, sein Durst nach der Entdeckung des wirklichen Soseins des geliebten Du, die nur durch die parallele Entdeckung des eigenen Ich hindurch gelingt, kann den Prozeß der Verarbeitung der personalen Vergangenheit in Konfrontation mit der Wirklichkeit trotzdem nicht sehr beschleunigen, denn die Einsicht braucht ihre Zeit, um reif zu werden. Sie kann aber sehr positiv den ganzen Prozeß beeinflussen. Es besteht ein fundamentaler Unterschied darin, ob ich mit meiner freien Entscheidung etwas Hartes auf mich nehme, oder ob ich mich noch unentschieden von meinen verdrängten Tendenzen treiben lasse.

Ich finde das Bild von Tamino und Pamina in der „Zauberflöte" für die Härte dieser Phase der Antithesis sehr passend: Sie gehen für ihre Liebe durch Feuer und Eis hindurch. Es handelt sich dabei um eine Auseinandersetzung mit der Wirklichkeit und um eine Verarbeitung, wie wir sie früher bei der Behandlung der Analyse gesehen haben. Ich erinnere nur an ein paar für sie besonders charakteristische harte Stadien: Die geliebte Person wird manchmal vom Verliebten wie ein richtiger „Feind" empfunden, da sie nicht imstande ist, die an sie gestellten Erwartungen zu verwirklichen; der Verliebte fühlt sich ohne diese Verwirklichung sehr arm, er wird böse auf den geliebten Menschen sein und tief enttäuscht von ihm; es kann auch Perioden geben, wo er sogar Gefühle des blinden Hasses für den Geliebten in sich entdeckt; er beklagt sich heftig über ihn und sucht dann in seiner Enttäuschung erst recht Zuflucht in seiner Vergangenheit.

Erst nach langer Verarbeitung und während der Phase der *Synthesis* kann der Mensch endlich verstehen, daß die geliebte Person tatsächlich ein Feind ist, ein Feind aber seiner Tendenz, in der Vergangenheit weiterleben zu wollen, wo es keinen eigentlichen Platz für ein Du gibt. Ein Du braucht Platz in der Gegenwart, gemeinsames Planen für die Zukunft und gemeinsam erlebte Vergangenheit. Zuerst muß aber der Mensch „arm" werden, indem er auf seine Gespenster aus der Vergangenheit verzichtet und erst dann kann er sich an den Geschenken der Liebe bereichern.

In der Phase der Synthesis hat der Mensch der Person des Geliebten, so wie sie tatsächlich ist, wie neu zu begegnen und sie in ihrer konkreten Wirklichkeit neu zu entdecken. Er muß auch seiner eigenen Person neu begegnen und sie neu entdecken. Der Mensch ist also während dieser dritten dialektischen Phase du- und gleichzeitig ich-bezogen in diesem neuen Sinn der Begegnung und Neu-Entdeckung. Wenn die personalen Grenzen zwischen den beiden Menschen klar gesehen werden, erst dann können auch die Gefühle in bezug auf das Du neu entdeckt werden. Entweder wird sich dann der Mensch für die „Wir-Situation" der Liebe frei entscheiden - oder auch gegen sie, falls die wirkliche Person des früher als „geliebt Gemeinten" keine Anziehungskraft mehr für ihn besitzt.

Im Falle der Entscheidung des Menschen für das Du wird die Verliebtheit in einer Liebe aufgehoben, wo die Person des geliebten Menschen und die freie Hingabe an sie im Mittelpunkt des Interesses des Liebenden steht, die Tendenz des Gebens dominiert und nicht mehr die des Nehmen-Wollens. Die Grenzsituation ist dann mit der Aufhebung der Verliebtheit in echter Liebe und mit der freien Annahme von den beiden betreffenden Personen überwunden.

Die Sinnfrage

Der Psychotherapeut wird nicht selten von seinen Klienten mit der Frage konfrontiert: „Warum gerade ich?" oder: „Was soll dieses schreckliche Leiden? Muß das sein?", wenn sie sich in einem tiefen Leidensdruck befinden. Er betrachtet die Grenzsituationen als Tatsachen der konkreten Wirklichkeit, deren Mußcharakter das Gleichgewicht des Menschen von Zeit zu Zeit bis in die Grundfesten erschüttern, stören und bedrohen kann. Gemeinsam mit dem leidenden Menschen versucht er die Störung soweit zu verarbeiten, bis der Mensch allmählich mit der Hilfe der während der Therapie neu erworbenen Einsichten, mit Bewußtmachung seiner verdrängten Inhalte und mit der Entfaltung seiner eigenen Fähigkeiten, die Kraft finden wird, seine Grenzsituation zu überwinden, indem er die von der Wirklichkeit geforderten erweiterten Grenzen erreicht. Der Psychotherapeut sieht die Grenzsituationen im Sinne von Reifungsmöglichkeiten, d. h. er betrachtet sie vom anthropologischen Standpunkt aus. Die oben gestellten Fragen seiner Klienten kann der Therapeut nicht zum Inhalt seiner therapeutischen Arbeit machen, da er einfach für den metaphysischen Bereich, den solche Sinnfragen berühren, nicht zuständig ist.

Auch dem Psychotherapeuten muß also die *Grenze* seines Therapiebereiches bewußt sein. Und da er in der Vielfalt der Symptomatik und der Problematik seiner Klienten immer wieder an diese Grenze seines Arbeitsbereiches stößt, muß er bereit sein, mit Kollegen aus anderen Fachbereichen zusammenzuarbeiten. Für die metaphysischen Fragen braucht er bzw. sein Klient den Theologen (Priester, Seelsorger) und für die organischen Beschwerden und Leiden ist er an die Hilfe des Arztes, besonders des Psychiaters, verwiesen.

Die Frage: „Warum gerade ich?" kann also die Psychotherapie nicht direkt beantworten, sondern nur auf eine indirekte Weise behandeln, indem sie dem leidenden Menschen ihre verarbeitende anthropologische Hilfe für seine seelischen Probleme anbietet. Die Frage als solche kann aber auch eine Ausweglosigkeit, d. h. eine Aporie des Therapeuten selber darstellen, wenn er in seinem menschlichen Wissensdurst über den physischen Bereich des Lebens hinausfragt in eine höhere Dimension, für die seine begrenzte therapeutische Methode nicht anzuwenden ist, nämlich in die metaphysische oder, wie Prof. Gottfried Griesl sie nennt, in die „vertikale Dimension" (siehe den folgenden Beitrag, Seite 151 ff.).

Empfehlenswerte Literatur

[1]) R. A. Spitz, Nein und Ja, Ernst Klett Verlag, Stuttgart 1970.

[2]) R. A. Spitz, Die Entstehung der ersten Objektbeziehungen, Ernst Klett Verlag, Stuttgart 1973.

[3]) E. H. Erikson, Identität und Lebenszyklus, Suhrkamp Verlag, Frankfurt 1966.

[4]) G. Griesl, Gewissen. Ursprung, Entfaltung, Bildung, Winfried Werk Verlag, Augsburg 1970.

[5]) M. S. Mahler, Symbiose und Individuation, Ernst Klett Verlag, Stuttgart 1972, Band I.

[6]) R. Battegay, Grenzsituationen, Hans Huber Verlag, Bern - Stuttgart - Wien 1981.

[7]) A. Strindberg, Der Vater, Reclam Verlag, 2489, Stuttgart 1971.

[8]) H. Kohut, Narzißmus, Suhrkamp Verlag, 157, Frankfurt am Main 1976.

[9]) H. Kohut, Die Heilung des Selbst, Suhrkamp Verlag, Frankfurt am Main 1979.

Die vertikale Dimension

GOTTFRIED GRIESL

Oscar Wilde erzählt in seinen „Gedichten in Prosa" sinnge-
mäß folgendes: Als Josef von Arimathia am Abend des Kar-
freitags mit einer Fackel vom Hügel niederstieg, fand er im
Tal der Verzweiflung einen Jüngling auf Steinen knien und
weinen. „Ich wundere mich nicht", sagte Josef, „daß dein
Kummer so groß ist, denn Er war sicher ein gerechter
Mann." Der Jüngling aber antwortete: „Nicht um ihn ver-
gieße ich meine Tränen, sondern um meinetwillen. Auch ich
habe Wasser in Wein verwandelt, Aussätzige geheilt und
Blinden das Augenlicht gegeben ... Alle Dinge, die Jener
tat, habe ich auch getan. Und mich – mich haben sie nicht
gekreuzigt!"[1]*) Eine paradoxe Trauer. Welche Größe muß
diese Grenzsituation am Kreuz haben, daß der Mensch
daran leidet, weil sie ihm erspart wurde! –
Es sollen hier über einige Besonderheiten des menschlichen Daseins grundsätzliche Erwägungen aufgebaut werden, um den wahren Gehalt dieser dichterischen Darstellung
zu erfassen.

Selbstgestaltung in der Grenzsituation

a) Der Mensch lebt immer auf *drei Zeitebenen* zugleich und
wenn ich ihn verstehen will, sind immer alle drei zu berück-

---

*) Vgl. die Anmerkungen am Ende dieses Beitrages, Seite 179.

sichtigen. Er kommt als Gewordener aus der *Vergangenheit;* das Schicksal, das er erfahren, hat ihn geformt; H. Ibsen läßt den Baumeister Solness im gleichnamigen Schauspiel die ganze Dramatik seiner Lebensgeschichte aufrollen an der Angstvorstellung eines Risses am Kamin des alten Hauses, der schließlich den glänzenden Aufstieg und zugleich den tragischen Untergang des Helden verursachte. So manchem, den die Gespenster seiner Vergangenheit verfolgen, möchte man eine Grenzsituation als reinigendes Feuer wünschen. Der Mensch ist ferner ein Wesen der *Zukunft,* das ohne Erwartung nicht leben kann. Er braucht ein Woraufhin, ein Wozu; er entwirft ständig sein Leben, d. h. er wirft den Plan seines kommenden Seins voraus und verwirklicht sich, indem er Stunde um Stunde seine Entwürfe einholt. So bleibt der Mensch in der *Gegenwart* ständig im Übergang – ein Werdender. Zu den Werdegesetzen des menschlichen Daseins gehört aber, daß sich seine Entfaltung nicht kontinuierlich vollzieht, sondern in Schüben und Sprüngen vor sich geht. Alle Grenzsituationen tragen das Merkmal dieser kritischen Umbrüche.

b) Die menschliche Person ist wesentlich *geistig.* Das heißt, ich kann erkennend auf Distanz gehen und die Umwelt und mich selbst zum Objekt machen. Damit hängt zusammen, daß ich relativ *frei* bin: Das Leben ist mir nicht einfach *vor*gegeben und wird nicht durch zwangsläufige angeborene Mechanismen allein geregelt wie beim Tier; es ist mir auch *auf*gegeben zur freien Selbstgestaltung. Die vergleichende Verhaltensforschung hat diese Unterschiede klar herausgearbeitet: dem Mangel, relativ instinktenthoben zu sein und lernen zu müssen, entspricht der Vorzug des Menschen, sein Verhalten in Freiheit selbst gestalten zu können. Dazu hat er die Macht, das Recht, aber auch – die Pflicht. Jedes Individuum, ob Mensch oder Tier, steht seinen Verhaltensweisen gegenüber im Verhältnis von Ursache zu Wirkung. Darüber hinaus hat der Mensch bei seinen freien Handlungen das Bewußtsein, nicht nur physische Ursache, sondern auch metaphysischer Grund zu sein: ich fühle mich für sie ver-antwort-lich; ich antworte in meinem Handeln also auf eine gebie-tende Instanz: auf die Gewissensstimme als Normruf. Gerade in der Grenzsituation werden diese Voraussetzungen klar; etwa im Sterben, das – nur biologisch betrachtet – den Menschen so verzweifelt erniedrigt. Beim Tier geht es um ein biologisches Schicksal, es ver-endet. Der Mensch allein kann sterben, d. h. sein Nichtmehrsein objektivieren, Stellung beziehen, Abschied nehmen, zu seinem Tod ja oder nein sagen, ihn gestalten.

c) Wie aber kann der Mensch sein Leben gestalten? Er braucht dazu die Einsicht in den *Sinn*. A. Portmann hat – als Verhaltensforscher ideologisch unverdächtig – schon vor Jahren aufmerksam gemacht, „daß die Findung eines Lebenssinnes eine Forderung ist, die erfüllt sein muß, wenn menschliches Dasein gelingen soll"[2]). Wir können gar nicht leben ohne Sinn. So sprechen wir mit Fug und Recht von einem Grundbedürfnis des Menschen, Sinn zu haben. Vielleicht verfehle ich im einzelnen Verhalten „meinen" Sinn; aber ich reagiere darauf mit einem Gefühl der Selbstentfremdung. In diesem Zusammenhang versteht man auch die sogenannte „sekundäre Rationalisierung": wenn ich etwas „Sinnloses" getan habe (d. h. das Motiv war unbewußt determiniert, was oft genug vorkommt), so kann ich das nicht einfach so stehen lassen; ich unterschiebe meiner Handlung anderen und mir selbst gegenüber irgendeinen erfundenen Sinn.

Wir verstehen also den Menschen als den Sinngeber seines eigenen Daseins. Allerdings nicht so, wie Nietzsche forderte, man müsse dem Leben einen Sinn geben – wenn es schon keinen habe. Sinn im Leben kann nicht willkürlich *erfunden*, sondern soll wohl in der demütigen Befragung der umfassenden Wirklichkeit gesucht und *gefunden* werden. Aber welcher Art ist die Wirklichkeit, mit der wir es zu tun haben? Unser Leben mit seinen unvermeidlichen Merkmalen: Unsicherheit, Leid, Trennung, Schuld, Alter, Tod muß als Bedrohung erscheinen und erzeugt Angst. Wir beobachten immer wieder Menschen auf der Flucht. Die Flucht vor dem Leben ist aber die Flucht der Menschen vor sich selbst. Die Sinnfrage läßt sich nicht auf die Länge ignorieren. Der Sinnverlust macht unfähig zu be-sinnlicher Sammlung, drängt zur „Zerstreuung", lähmt die schöpferische Lebensgestaltung und nötigt schließlich, die Zeit totzuschlagen (wie man sich eben eines ungezähmten Tieres nicht anders erwehren kann). So erscheint etwa die „Sonntagsneurose" als Symptom eines Sinnverlustes, den man auch als existentielle *Langeweile* kennt. Der in seinem personalen Kern ohne sinnvolle Lebensgestaltung unbefriedigte Mensch flüchtet sich in „unauthentische Lebensformen"[3]). Da aber auch deren Aufhäufung nie das Sinnbedürfnis ausfüllen kann, kehrt der Überdruß wieder. Der Sinnverlust erklärt manche Erscheinungen der Selbstentfremdung und schließlich auch der Selbstzerstörung.

Man wird allerdings einräumen müssen: der Sinn meines Lebens ist nicht in dem Sinne vor-handen, daß ich ihn nur zu nehmen bräuchte und dann fest besitzen könnte. Und wenn ich daran leide, daß er ab-handen kam, so muß das nicht schlechthin seinen Verlust bedeuten, sondern vielleicht, daß er in jene Entfernung rückte, die fast alle lebensbedeutsamen Inhalte haben. Eine Entfernung, die nur durch die Mühe des Geistes überwunden werden kann.

d) Wenn wir das Wesen der Grenzsituation aus dem Gesamtzusammenhang des Lebens zu verstehen suchen, dann stellt sie sich dar als Lebens-*Krise.* Was ist Krise? Es handelt sich immer um eine *leidvolle Störung des Daseins, die das gegenwärtige Gefüge als unbefriedigend erweist und das kommende infragestellt.* Der Mensch fühlt sich im Lebensgang wie angehalten; „so kann es nicht weitergehen". Die Zukunft liegt im Dunkel. Es muß aber weitergehen. Die Situation drängt zu einer Entscheidung. Aber hier müssen wir gleich eine Differenzierung anbringen: es gibt Menschen, die mit äußeren Schicksalsschlägen wie dem Verlust der

Freiheit oder von anderen Gütern erstaunlich gefaßt fertig werden, und wieder andere, die auf dem Höhepunkt ihres Erfolges zusammenbrechen. Bekannt ist auch, daß in Zeiten allgemeiner Not die neurotischen Störungen zurückgehen und daß die Zahl der Lebensmüden in der Statistik vielfach reziprok zum Lebensstandard steht. Entscheidend für die Krise ist also nicht das äußere (ichferne) Schicksal, sondern wie ich die Störung (ichnahe) in meinem Personkern erlebe und verarbeite. Diese Tatsache hat eine große Bedeutung für die Bewältigung der Krise; wir können an den entgegenstehenden harten Tatsachen oft wenig ändern, wohl aber an den Einstellungen in uns selber.

Solange der Leidende in der Krise das Schicksal zum Sündenbock macht und dort das Alibi sucht, um nicht *sich* umstellen zu müssen, kann ihm nicht geholfen werden. „Ich bin eben erblich belastet. Man hat mir die Ehre genommen. Ich habe alles verloren . . . Was soll ich tun?" Da wäre nichts zu machen. Die Frage muß nach innen gelenkt werden: „Du kannst nie *alles* verlieren. Die Menschen können dir *deine* Ehre nie nehmen, sondern nur jene Ehre zurücknehmen, die *sie* dir gegeben haben. Du brauchst und kannst nur dort etwas tun, wo Du nicht durch ein unabwendbares Schicksal behindert bist." Da öffnet sich ein Weg in die Zukunft, wenn ich bereit bin, für mein Leben ein neues Gefüge zu entwerfen und zu verwirklichen. Aus dem Sinn also – und das ist der Sinn der Krise.

Eine weitere Unterscheidung scheint noch von Bedeutung: es gibt Krisen, die so sehr zur gesunden Entfaltung der Persönlichkeit gehören, daß ihr *Ausbleiben* eine Störung darstellt, weil es das seelische Gleichgewicht gefährdet („orthogenetische Krisen", wie etwa in der Pubertät). Das Gegenteil sind jene Krisen, deren *Auftreten* den Lebensvollzug stört („dysgenetische Krisen", bei neurotischen Störungen). Man könnte die ersteren als Freunde betrachten, deren Ankunft man begrüßt und ihren Aufenthalt erleichtert, damit sie nicht länger als nötig bleiben müssen. Die dysgenetischen freilich kann man nicht willkommen heißen, aber auch nicht als

Feinde behandeln (wie im 2. Teil schon Dr. Liveriou ausgeführt hat). Es haben nämlich beide Krisen ihren Sinn, der gesucht, verstanden und verwirklicht werden soll, damit die Person sich entfalten kann. Die Krisen bringen dem Menschen unabweisbar zum Bewußtsein, daß etwas fehlt und daß ein neuer Daseinsvollzug fällig ist. Man kann diesen Vollzug schematisch in folgenden Punkten zusammenfassen:

e) Die Krise hat ein Janusgesicht: sie stellt einerseits ein gefährliches *Risiko* dar, das nicht mehr ignoriert werden kann; andererseits bietet sie auch, besonders die orthogenetische, eine hoffnungsvolle *Chance*, zu einer besseren Integration der Persönlichkeit zu gelangen. Sie bringt wohl eine schmerzliche Störung mit sich, hat aber auch immerhin das Gute für sich, daß nur an der Stelle, wo das alte Gefüge abgebrochen wird (etwa die infantil-abhängige Kinderzeit), das neue Gefüge aufgebaut werden kann (hier die iuvenilen Entfaltungsentwürfe). Der Werde-Schmerz gleicht also den unvermeidlichen Geburtswehen, unter denen neues Leben geboren wird. Es spiegelt sich in der Krise jenes *Stirb-und-werde*-Gesetz, das von den biologischen Grundlagen quer durch alle Bereiche der menschlichen Entfaltung geht und von Christus sogar für das übernatürliche Leben anerkannt wird: „Wenn das Weizenkorn nicht in die Erde fällt und stirbt, so bleibt es allein; wenn es aber stirbt, bringt es viele Frucht", und er setzt hinzu: „Wer sein Leben liebt, wird es verlieren. Wer aber sein Leben in dieser Welt haßt, wird es für das ewige Leben bewahren." (Joh. 12, 24 f.)

Der Verlaufssinn der Krise ist *irreversibel* in die Zukunft gerichtet. Umkehr wäre Verrat am Leben. Es ist begreiflich, daß in den Stürmen der kritischen Grenzsituation das Bestreben des Menschen darauf hinausläuft, endlich wieder zur inneren Ordnung zu gelangen; und da in seinem Gedächtnis keine anderen Strukturen zur Verfügung stehen, als die früher schon erlebten, sehnt er sich zurück in den ruhigen Hafen der Vergangenheit. Dazu kommt in der Regel noch der starke Druck des *Wiederholungszwanges* und der Regression aus dem Unbewußten. Diese Dynamik kann ein wertvoller Helfer zur Bereinigung der Krise werden. Aber man muß sie richtig verstehen und einsetzen. Ihr Sinn kann nur dialektisch verstanden werden: nicht als Wiederherstellung des „verlorenen Paradieses" – das würde nur die untragbare Vergangenheit versteinern –, sondern: das Vergangene muß „wieder geholt werden", um es endlich zu erledigen, damit der Weg frei wird in eine bessere Zukunft. Neurotische Wiederholungszwänge gibt es nur, wenn in der Lebensgeschichte etwas schiefgelaufen ist, und sie provozieren durch ihren Leidensdruck die bewußte Auseinandersetzung und ermöglichen so die endliche Bereinigung dieser Störungen.

Es gilt also, in der Krise eine Ordnung herzustellen, die noch nicht erlebt wurde, und an ein Land der Verheißung zu glauben, das man noch nicht gesehen hat. Ob das gelingt, hängt nicht nur von der Einsicht, sondern auch vom Mut und von der Phantasie des Betroffenen ab und oft von einer guten seelsorglichen Hilfe. Die neue Ordnung, die es zu errichten gilt, ist besser als die alte, in der sich nicht mehr leben ließ, auch wenn diese vielleicht „nicht so übel" schien. Jede Krise bedeutet einen Einschnitt in der Lebensgeschichte des Menschen, der das Ende einer Strukturstufe (eines Provisoriums) und den Beginn einer neuen markiert. Wenn hier nicht das bisher Gute durch das neue Bessere abgelöst wird, dann beginnt es, das Schlechtere zu werden.

Natürlich hat jede Krise ihre ganz konkrete Problematik und ihren Schwerpunkt in irgendeinem Persönlichkeitsbereich; aber das Gefüge der Persönlichkeit bildet eine untrennbare Einheit, eine *„Gestalt"*. Man kann von einem Sandhaufen etwas wegnehmen oder dazutun, er bleibt sich gleich; aber an einem Gestaltgefüge – etwa an einer Karikatur – kann ich keine einzelne Kontur verändern, ohne die Gesamtgestalt zu verändern. Das heißt, daß jede Krise sich in der Gesamtpersönlichkeit auswirkt; und daß die Bereinigung einer Krise nicht nur die begrenzte Teilaufgabe löst, sondern eine Lebensaufgabe erledigt, die das ganze Persönlichkeitsgefüge verändert und erneuert.

f) Wann ist nun das *Ziel* erreicht, weswegen die Krise mit ihren Grenzsituationen bearbeitet wurde? Die Verhaltenstherapie gibt sich damit zufrieden, wenn es gelungen ist, die störenden Symptome zu beseitigen. Die Psychoanalyse hat dagegen Bedenken, weil sie nicht nur die Störungen, sondern die Gesamtpersönlichkeit behandeln will; Symptome einer neurotischen Krise können auch unter einem Angsteinbruch oder durch einen neuen Verdrängungsschub verschwinden und später anderswo wieder auftauchen. Für die Psychotherapie liegt das Kriterium der Heilung in der gelungenen Realitätsanpassung. Aber was ist denn die Realität, an die ich mich anzupassen habe? Vom pastoraltheologischen Standpunkt aus müssen wir auch dieses Kriterium hinterfragen. Wir unterscheiden ja eine vorgegebene und eine aufgegebene Realität. Daß sich der gesunde und relativ krisenfeste Mensch an die *vorgegebene* Realität als die geschichtlich konkrete Umweltsituation anpaßt, hat doch im Ernst nicht mehr als den zweifelhaften Wert einer kleinbürgerlichen Lebensweisheit: wenn ich in einem Slum lebe, werde ich weniger Störungen erleben, falls ich überall mitmache ...
Dabei soll gar nicht bezweifelt werden, daß es auch im Slum ein gewisses Ethos gibt. Aber die „Realität" ist doch *selber krank* – oder wenigstens so zufällig und hinfällig, daß sie nicht zur Anpassungsnorm erhoben werden kann. Es gibt andererseits auch die *aufgegebene* Realität, nämlich den aus der Gesamtgestalt und Dynamik der Weltbezüge ergründbaren Sinnentwurf, den ich zu verstehen und in meiner Lebensgestaltung zu verwirklichen habe. Der Gebrauch meiner Einsicht und freien Wahl ist eine unausweichliche Forderung eben dieser Sinn-Realität, der ich mich gesunderweise anpasse. Wenn ich die Erfüllung der Forderung schuldig bleibe, belade ich mich mit einer Existenzschuld, die sich in störenden Lebenskrisen enthüllt und rächt. Damit stehen wir an jener Stelle der horizontalen anthropologischen Erwägungen, wo die theologische Vertikale ansetzen kann.

Die Aufgabe christlicher Seelsorge

In Grenzsituationen weiß sich der Mensch auf sich selbst zurückgeworfen. Wenn es ihm nicht gelingt, aus der Einsicht zu einer bewußten Auseinandersetzung und Lösung zu kommen, bleiben ihm immerhin noch die Möglichkeiten unbewußter Selbsthilfe durch Verdrängung. Solche Mechanismen stehen allerdings in direktem Gegensatz zu einer realistischen Verarbeitung und rufen vielfach neue neurotische Krisen auf den Plan. In diesem Fall empfiehlt sich eine psychoanalytisch orientierte Therapie, deren Heilungsmethode S. Freud mit einem prägnanten Satz zusammengefaßt hat: „Wo *Es* (das verdrängte und daher nicht greifbare Unbewußte) war, soll *Ich* (bewußt zugänglicher und daher verfügbarer Inhalt) werden." Wenn die personale Dynamik in der Grenzsituation aber die Schwelle zur geistigen Störung überschritten hat, ist die Psychiatrie zuständig, wie in den ersten beiden Kapiteln geklärt wurde. Gibt es außer dem Psychiater für das psychotische und dem Therapeuten für das neurotische Leiden keine Instanz, die in der Not der Grenzsituation Hilfe bieten könnte? Wie steht es eigentlich um die Kompetenz unserer Seel-Sorge?

a) Die öffentliche Meinung erwartet sich von der kirchlichen Seelsorge weniger eine methodisch wirksame Hilfe (wie etwa von der medizinischen Behandlung), als vielmehr einen *„Trost*, wo man sonst nichts mehr machen kann". Das trifft besonders für die Grenzsituationen wie unwiederbringlicher Abschied, Unheilbarkeit, Tod zu. Trost wird nur dort gesucht, wo menschliche Ohnmacht herrscht. Daher die stereotype Formel auf den Parten: „... gestorben mit den Tröstungen der heiligen Religion." Man assoziiert zu Trost leicht „billig" und „Illusion" und rückt ihn in die Nähe der Opiumfunktion, die ein atheistischer Humanismus der Religion zuerkennt. Leider gibt eine Pastoral alten Typs dazu Anlaß, die meinte, einen hilfreichen Glauben ohne fundierte

Kenntnis des Menschen vermitteln zu können, und sich aus Kompetenzangst auf Predigt und Sakrament reduzieren mußte. Diese Auffassung widerspricht allerdings biblisch der Sendung des Parakleten („Trösters") und einer christlichen Seelsorge im Sinn ihres Gründers.

b) *Christus* hat nicht nur vom Seelen-Heil gesprochen, sondern hat auch Menschen geheilt. Nicht nur weil es damals keine Kliniken gab, sondern weil mit ihm das Heil gekommen ist; das Heil ist für ihn unteilbar wie der Mensch selbst. Daher signalisieren Heilungen den Anbruch des Gottesreiches. Dementsprechend umfaßt Christi wörtlicher Auftrag in der Jüngersendung zwei Dimensionen: „Er sandte sie aus, das Reich Gottes zu verkünden *und* Kranke zu heilen" (Lk 9, 2; par. Mt 10, 6; Mk 6, 13; 16, 18). Der Bibel ist die platonische oder cartesianische Teilung in Leib und Seele unbekannt; sie verwendet wohl beide Ausdrücke, meint aber immer den ganzen Menschen, um den es ihr geht. Man darf daher den Auftrag, die Kranken zu heilen, nicht aus dem umfassenden Heilsauftrag herausinterpretieren; Man kann höchstens feststellen: die *Kirche* hat den Auftrag wörtlich genommen, Spitäler und Apotheken gegründet und Ärzte ausgebildet, bis sie im Hochmittelalter schließlich aus einsichtigen Gründen die „medicina clericalis" verboten hat (eine folgenschwere Maßnahme, die zur Verselbständigung und blühenden Entwicklung, schließlich aber auch zur Säkularisierung der Medizin beigetragen hat). Von da an wurde der Auftrag von Laien übernommen, aber er blieb zurecht bestehen als Auftrag Christi. Naturgemäß erwuchs der kirchlichen Sorge um den leidenden Menschen in der Neuzeit ein mächtiger Konkurrent, besonders in der Psychotherapie. So stand etwa S. Freud in der Pionierzeit seiner Entdeckungen nicht an, den kommenden Analytiker als „Seelsorger" und „weltlichen Beichthörer" zu bezeichnen[4]). So lange es beiden Konkurrenten um die gute Sache geht und sie ihre Grenzen kennen (wie etwa V. Frankl mit seiner „ärztlichen Seelsorge"), schadet Konkurrenz nicht. Auch diese säkularisierte Menschenkunde führte zu einer richtigen Wiederentdeckung der Seele; man erkannte, daß einerseits Krankheit nicht nur ein Gewebe oder Organ, sondern den ganzen Menschen betrifft und daß andererseits ein Leben an Liebesentzug, inneren Konflikten und Sinnverlust krank werden kann. Die kirchliche Seelsorge, die schon daran war, auf ihren Namen zu verzichten (man wollte ihn durch „Heilssorge" ersetzen), bedurfte einer gründlichen Neubesinnung. Sie kam mit dem *II. Vatikanum.*

c) Schon in der Einleitung zur Pastoralen Konstitution „über die Kirche in der Welt von heute" wird grundsätzlich der Adressat der Seelsorge vorgestellt: „Es geht um die Rettung der Person, es geht um den rechten Aufbau der menschlichen Gesellschaft. Der Mensch also, der eine und ganze Mensch, Leib und Seele, Herz und Gewissen, Vernunft und Willen, steht im Mittelpunkt..." (n. 3). Die biblische Sicht vom ungeteilten Menschen, die auch durch die moderne Anthropologie bestätigt wird, kommt wieder zu ihrem Recht. Seelsorge kann das weltliche-seelische, leibliche und soziale Leben einfach nicht wegschalten, um sich allein um ein abstraktes Seelenheil zu kümmern. Das wäre ein grobes Mißverständnis des alten Missionsspruchs „Rette deine Seele!". Die Beratung in Lebensfragen, besonders in Grenzsituationen, gehört offensichtlich zum unverzichtbaren Bestand der Seelsorge. Konsequent fordert daher dasselbe Konzilsdekret in n. 62: „In der Seelsorge sollen nicht nur die theologischen Prinzipien, sondern auch die Ergebnisse der profanen Wissenschaften, vor allem der Psychologie und Soziologie, wirklich beachtet und angewendet werden." Der Seelsorger muß ja nicht nur, theologisch ausgebildet, Gott kennen, den er verkündet, sondern er bedarf auch der anthropologischen Ausbildung, um den Menschen zu kennen und ihm helfen zu können.

d) Wir unterscheiden nach der Sendung Jesu *zwei Dimensionen* der Seelsorge. Erstens eine *vertikale*, die auf die Vermittlung des übernatürlichen, nur aus dem Glauben faßbaren Heiles zielt und sich in Verkündigung, Kult und Sakrament vollzieht; diese Aufgaben sind der Kirche allein übertragen; keine andere Instanz der Welt kann ihr die Aufgabe abnehmen oder streitig machen. Zweitens eine *horizontale* Dimension, die sich aus dem Hauptgebot der Liebe, unabhängig vom Glauben des Mitmenschen, auf der natürlichen Ebene ergibt; dazu gehören alle sozialen und karitativen Hilfen wie Erziehung, Bildung, Beratung, Friedensarbeit usw. Auch diese Dienste liegen im unverzichtbaren Sendungsauftrag Jesu. Sie liegen aber ebenso in der Zuständigkeit weltlicher Instanzen wie der Medizin und Wohlfahrt. Hier kann und soll es zu einer sinnvollen Aufgabenteilung und Zusammenarbeit der kirchlichen und weltlichen Träger kommen.

Wenn man nun fragt, was ist eigentlich das *Spezifikum* (oder „Proprium") *der Seelsorge,* so bedeutet das für die *protestantische* Theologie ein heißes Eisen: für die Vertreter der kerygmatischen Seelsorge besteht das Proprium in der Heilsverkündigung an den einzelnen: „das Wort Gottes bricht im Seelsorgegespräch herein" und macht es zu einem Kampfgespräch, in dem um die Durchsetzung des Urteils Gottes zum Heil des Menschen gerungen wird[5]). Es geht im Gespräch zuerst um die allgemeine menschliche Lebenslage mit den darin wirksamen psychologischen, soziologischen und moralischen Deutungen; dann aber läßt der Seelsorger alle diese Einstellungen als Vor-Urteil erkennen und überbietet sie durch eine übergreifende Betrachtung der Dinge, indem er sie unter das Urteil des Wortes Gottes stellt. Diese „Ausrichtung des Wortes Gottes an den einzelnen"[6]) hat einen Bruch zur Folge, der das Gespräch durchzieht und auf den es der Seelsorger geradezu anlegen muß, wenn er zur eigentlichen Seelsorge kommen will.

Ganz im Gegensatz zu dieser Auffassung sehen Vertreter des „Pastoral Counseling" das Proprium der Seelsorge nicht in der Verkündigung, sondern darin, eine christliche Selbstverwirklichung zu fördern: „Seelsorge ist die in der Nachfolge Christi begründete Glaubens- und Lebenshilfe, die den einzelnen zu persönlicher Erfüllung, zur Eingliederung in den Leib Christi und zur Bewährung in allen Fragen der Weltdeutung und Weltordnung führen will"[7]). Man sieht, die heftige Kontroverse ist dadurch begründet, daß die ersteren als Proprium die Vertikale, nämlich die Verkündigung isolieren, während die letzteren die Horizontale, nämlich die Lebenshilfe überbetonen. Radikal argumentiert hier D. Stollberg: da es keinen eigenständigen theologischen Sektor der Wirklichkeit gibt, könne es auch keine spezifisch aus der Theologie gewonnene Methode geben, die im Gegensatz zu den aus anthropologischen Sachstrukturen erhobenen Methoden bestünde. Daher bestehe keine Alternative zwischen theologischer und therapeutischer Seelsorge ... „Seelsorge ist Psychotherapie im kirchlichen Kontext"[8]). Dazu muß man allerdings vermerken, daß der protestantische Theologe unter Seelsorge nur das versteht, was wir auf katholischer Seite als Einzelpastoral oder seelsorglicher Beratung verstehen.

Auf *katholischer Seite* ist die Frage nach dem Proprium der Seelsorge noch nicht akut geworden. Die Kirche übt ihren Heilsdienst in verschiedenen Sendungsbereichen aus: als Verkündigung, Liturgie, Sakrament, Caritas und Gemeindeleitung (all das versteht sie als Seelsorge; daher ist die methodische Frage nach dem *einen* Proprium der Seelsorge nicht sinnvoll, weil die verschiedenen Aufgaben eben verschiedene Methoden verlangen). Der Schwerpunkt liegt eindeutig in der Vertikalen. Aufgaben in der Horizontalen wie Lebensberatung und Psychotherapie werden bisher entweder weltlichen Instanzen überlassen oder, soweit sie heilsrelevant sind, als christlicher Bruderdienst von Laien ausgeübt. Dieser Bereich, z. B. die Telefonseelsorge, hat seit dem Konzil eine starke Aufwertung erfahren.

e) Christliche Seelsorge hat also in den Krisen der Grenzsituation Dienste anzubieten. Es gibt Formen der *Verkündigung* im Gespräch, die den Menschen nicht vor den Kopf stoßen, sondern ihm in feiner Einfühlung auf Sinnfragen

Antwort geben, die überzeugend klären und weiterhelfen. *Sakramente* sind realsymbolische Zeichen, in denen wirklich wird, wessen der gläubige Mensch bedarf: die bergende Gegenwart des Christus medicus, die Vermittlung seiner Gnade, die Vergebung menschlicher Schuld, die Aufrichtung in der Krankheit. *Liturgie* vermag durch ihre Symbolsprache den dunklen Hintergrund der Grenze gefühlsmäßig transparent zu machen. In der *horizontalen* Dimension ist es gerade für die Grenzsituationen im mechanisierten Krankenhausbetrieb von Bedeutung, daß eine erneuerte Seelsorge auch den Ärzten und Pflegepersonen Hilfen anbietet für die schwierige mitmenschliche Kommunikation und für ihre Berufsspiritualität; wer sich des leidenden Menschen annimmt, darf wissen, daß er unmittelbar am Sendungsauftrag Christi beteiligt ist. Das neue Selbstverständnis der Praktischen Theologie hat dazu geführt, daß die Rolle des Krankenhausseelsorgers neu umschrieben und seine spezifische Aufgabe theologisch klargestellt wurde[9]). Entscheidend für unsere Frage sind folgende Erkenntnisse: Der Beitrag des Seelsorgers zum Heilen besteht nicht in spezifischen Heilmethoden (etwa geistlicher Art), die mit medizinischen Verfahren konkurrieren, sondern im mitmenschlichen Dienst der *Begleitung*. Der Dienst setzt allerdings hohe persönliche Qualifikation voraus, die eine Integration von theologisch-anthropologischer Bildung und pastoraler Praxis im Horizont des Glaubens braucht. Begleiten heißt: ganze, ehrliche Zuwendung zum Leidenden, nicht beurteilen oder gar verurteilen, sondern aushalten, verstehen und verstehen helfen, mitgehen, annehmen, einfühlen mit dem Ziel, den Partner in eine größere Freiheit und Entfaltung zu entlassen.

Das oft beschriebene „Hilfesuchsverhalten" des Kranken, besonders des emotional Gestörten, läßt verstehen, wie groß das subjektive Bedürfnis, aber auch der objektive Bedarf nach einer helfenden Hand in diesem Sinn heute ist. Bei aller technischen Perfektion in unseren Kliniken scheint die Schulmedizin und das ohnedies überlastete Pflegepersonal zu diesem Dienst nicht in der Lage. Dazu fehlt die Einstellung, die Ausbildung und die Zeit. Es soll kein Vorwurf erhoben werden; denn es fragt sich ernstlich, ob die medizinische Instanz diesen Dienst mit übernehmen *könnte*. Ob sich nicht der Rollenkonflikt zwischen dem ärztlichen Dienst und der seel-sorglichen Begleitung als unüberwindlich erwiese; Seelsorge muß ja immer freies Angebot der Kirche bleiben, instrumentenlos, frei von den Behandlungszwängen und relativ unabhängig von der Befehlshierarchie der Klinik. Ihre Autorität baut auf dem Vertrauen des Partners auf. Seelsorge bleibt der Auftrag Christi, dem der Appell des leidenden Menschen entspricht. Es braucht allerdings den Seelsorger, der in einer zusätzlichen Spezialausbildung seine pastorale Praxis hinterfragt und in der Supervision zu einem ständigen Lernprozeß bereit ist. Auch ist noch zu hoffen, daß die Kirchenleitungen die Chance einer so verfaßten Seelsorge auch realisieren.

Jenseits der Grenze

Das zentrale Erlebnis der Grenzsituation ist wohl die *Angst*: Der Mensch kann die Zeit nicht anhalten und muß in eine Zukunft hineinleben, die dunkel ist und Angst erzeugt. A. Künzli scheint recht zu behalten, wenn er von der Angst als der „abendländischen Krankheit" sprach; es besteht ein sichtlicher Zusammenhang zwischen dem krisenzeugenden Sinnverlust und dem Überhandnehmen von Angsterkrankungen. Aber die Angst ist ebensowenig eine Krankheit wie der Schmerz; beide sind Symptome einer Störung des Lebens; der Schmerz auf der physischen und die Angst auf der existentiellen Ebene, und haben daher ihren guten Sinn. Man soll nicht die Angst beseitigen wollen; nicht sie bedroht das Leben, sondern bringt eine Bedrohung nur zum Bewußtsein.

Wer also dem Menschen in der Grenzsituation helfen will,

braucht nur nach dem Sinn der Angst zu fragen und ihn zu erfüllen. Der Sinn ist aber ein doppelter: erstens soll die Angst eine Existenzgefahr *signalisieren* und zweitens eine Abwehr *mobilisieren*; es geht also darum, die Bedrohung wahrzunehmen, und zwar dort, wo sie herkommt, und sie zu beseitigen. Dann hat die Angst ihren Dienst getan und vergeht von selbst, wie der Zahnschmerz geht, wenn die Karies behandelt ist. Das Prinzip stimmt; aber die Durchführung ist nicht so einfach, wie etwa eine normale Gewitterangst durch einen Blitzableiter reduziert werden kann. Viele Kinderängste, die auf suggerierten Einbildungen beruhen, lassen sich durch liebevolle Aufklärung überwinden. Wenn aber die Angst kein „Wovor" hat, d. h. wenn ihre Ursache nicht gefunden werden kann, weil sie lebensgeschichtlich verdrängt ist, kann oft eine gezielte Therapie helfen.

b) Es gibt jedoch *Daseinsängste* im Kernbereich der Persönlichkeit, die ihre Ursache nicht in einer Einbildung oder neurotischen Entfremdung haben, sondern in harten, nachweisbaren Tatsachen des Lebens, das wir alle leben. Es sind gerade jene Ängste, die wir als das zentrale Erlebnis unserer Grenzsituation bezeichnen. M. Heidegger sieht die „Sorge" als Grundbefindlichkeit des Menschen an: daß er sich in der Welt vorfindet als „Geworfener" (ungefragtes Schicksal) und zugleich als „Entwerfender", der in Freiheit sein Leben gestalten muß, ohne für den Ausgang bürgen zu können. So überfallen ihn, besonders an den kritischen Wendepunkten des Lebens, die Daseinsängste: die Werdeangst vor dem unvermeidlichen Lassenmüssen, die Risikoangst im Kampf um das Dasein, die Schuldangst, die Angst vor dem großen Tod und seinen kleineren Vorboten... Die elementaren Ursachen dieser Ängste können nicht durch Aufklärung zerstreut, mit Therapie beseitigt oder durch Chemie aufgelöst (höchstens vorübergehend verdeckt) werden. Sie liegen in einer Tiefe, die menschliche Macht nicht erreicht. Der fällige Abschied muß vollzogen, das Risiko gewagt, die Schuld übernommen, das Leid gelitten und der Tod gestorben werden. Es wird keine andere Lösung in der „Horizontalen" sichtbar. Jeder Versuch zu entkommen (indem man etwa das Todestabu mit Lügen aufrechthält), entpuppt sich als hilflose Täuschung, die an der harten Wirklichkeit schließlich zerbricht; und die Ent-täuschung vertieft nur die Angst. Natürlich vermag Medizin und Psychoanalyse akute Ängste zu beruhigen, einen Austritt aus der unerträglichen Situation zu ermöglichen, die Übermacht unbewußter Mechanismen zu brechen, zur Ich-Stärkung beizutragen, aber das alles nur, damit der Mensch die unverändert gefährliche Realität des Lebens menschlich bestehen kann.

c) Was bleibt, ist die *Vertikale*, die Transzendenz. Wenn sich der Mensch eine Lösung nicht selbst schaffen kann, kann er Er-lösung doch als Geschenk annehmen. Dem Nichtglaubenden muß es als tröstliche Illusion erscheinen; für den Glaubenden geht es um eine Realität auf höherer Ebene: Gott hat sich in der Menschwerdung Jesu mit dem Menschen eingelassen, sich geoffenbart; ich antworte im Glaubensakt. Die bedrohlichen Gegebenheiten des Lebens werden nicht verändert, aber sie werden in der Sicht der Offenbarung transparent auf höheren Sinn hin und auf diese Weise erträglich:

W e r d e n : Jeder Abschied an den Wendepunkten des Lebens ist ein Werdeschritt auf ein beglückendes Ziel zu, das uns zugesagt ist. Mit dem Verzicht auf das Gewesene bezahle ich gern für das bessere Kommende.

W a g n i s : In der Vorsehung Gottes, zu dem ich Vater sagen darf, ist das Risiko des Irrtums dialektisch aufgehoben. Auch meine lebensgeschichtliche Fehlwahl kann im Endresultat des Lebens einen positiven Stellenwert bekommen. „Denen, die Gott lieben, gereicht alles zum besten" (Röm 8, 28).

S c h u l d : Die Tatsache meines Getanhabens ist untilgbar. Aber der Schuldcharakter kann durch Vergebung abgenommen werden. „Gott hat uns gnädig alle Sünden vergeben. Er hat gelöscht den wider uns lautenden Schuldschein mit seinen Forderungen, er hat ihn vernichtet, indem er ihn ans Kreuz heftete" (Kol 2, 14).

L e i d : Christus hat in seinem Erlösungswerk dem Leiden einen neuen Sinn gegeben; was Sündenfolge war, hat er auf sich genommen und zum Werkzeug der Erlösung gemacht. Wer getauft, d. h. in Christus eingetaucht ist, erhält auch Anteil an dieser sinnvollen Aufgabe: sein Kranksein und Leiden wird – eins mit Christi Leiden – zur Mitarbeit an der Welterlösung.

T o d : In der Schicksalsgemeinschaft mit Christus ist uns die Auferstehung und ewiges Leben zugesagt. Freilich, diese Zusagen sind nicht auf der Ebene der greifbaren Erfahrung gegeben, sondern als Realität, die nur im Glauben, d. h. im Vertrauen auf die Zusage Gottes zugänglich wird. Tod und Leid und die anderen bedrohlichen Aporien des Lebens werden auch für den Gläubigen nicht aus der Welt geschafft. Er ist ebensowenig den Daseinsängsten enthoben. Aber die Bedrohung wird relativiert: indem der Mensch in der Lebensgemeinschaft mit Christus durch sie hindurchgeht, läßt er sie hinter sich; sie verlieren den Schrecken der absoluten Endgültigkeit. Christus formuliert seine Zusage realistisch: „In der Welt werdet ihr Angst haben. Aber seid getrost: Ich habe die Welt überwunden" (Jo 16, 33).

Grenzsituationen zu bestehen, fordert immer den überwindenden Verzicht auf das, was Gottes wahrer Welt entfremdet. In der Lebensgemeinschaft mit Christus findet der Christ die unabdingbare Motivation für diesen Verzicht: ich bringe damit Gott aus dem Glauben und der Liebe heraus in der Einheit mit unserem Erlöser ein erlösendes Opfer dar. Ein schwer depressiver älterer Mann, der ständig vom Zwangsgedanken gequält war, er müsse Hand an sich legen, gestand mir im Gespräch: „Ich hätte schon oft Schluß gemacht, wenn der Gedanken nicht gewesen wäre, Gott will das nicht. Ihm zuliebe habe ich immer wieder darauf verzichtet, mich selber zu ‚erlösen'. Ich verzichte darauf und bringe Gott dieses Opfer."

Im folgenden sei die Bedeutung der Vertikalen noch an zwei Grenzsituationen eigens dargelegt.

d) *Schuld.* Der Mensch hat die rätselhafte Freiheit, seinem eigenen Ge-wissen, das ihm den Anspruch der konkreten Situation auf ein bestimmtes sittliches Verhalten zum Bewußtsein bringt, zuwiderzuhandeln. Wir betrachten diesen Sollensdefekt als Schuld. Ich kann Schuld in die Welt setzen, aber ich kann sie nicht in gleicher Weise allein aus der Welt schaffen. Die Untilgbarkeit hat u. U. Schuldgefühle zur Folge, die zu einer Grenzsituation führen können. Für unsere Betrachtung haben wir wohl eine dreifache Schuld zu unterscheiden: die *moralische Schuld* bei einer bewußten Normverletzung; die *Existenzschuld*, wenn ich zwar keine Einzelnorm verletzt, aber vor Augen habe, wie weit ich in meinem Leben hinter dem zurück bin, was ich aus ihm hätte machen können („Der ich bin, grüßt trauernd den, der ich könnte sein", sagt Hebbel); *Sünde*, also Schuld im religiösen Sinn, meint den Verlust der Sinntiefe, die in Gott ihren ewigen Realgrund hat, oder Verstoß gegen Gottes Gebot.

Subjektive *Schuldgefühle* muß man sauber von ethischer Schuld unterscheiden (so oft in der Literatur auch beides verwechselt wird). Es gibt einen gesunden, logischen Zusammenhang beider: wenn ich etwas angestellt habe, spüre ich Gewissensbisse. Leider stellt sich dieser Zusammenhang häufig als gestört heraus: Es gibt schwere Schuldgefühle ohne jede begangene Schuld, wie den Versündigungswahn von Melancholikern, die Skrupel von Zwangskranken . . .; es gibt den rätselhaften Ausfall jeden Schuldgefühls auch bei großen Verbrechen; es gibt verlaufene Schuldgefühle, die einmal der Verdrängung verfallen waren und später unersättlich an einer anderen Stelle wieder auftauchen, wo sie gar nicht begründet sind. Auch dergestalt entfremdete Schuldgefühle können in der Grenzsituation zur unerträglichen Belastung werden. Hier hat die Psychiatrie und besonders die Psychotherapie ihre Zuständigkeit, das rabiat gewordene Über-Ich im Zug der umsichtig geförderten Realitätskontrolle in seine Schranken zu weisen; das sind notwendige Hilfen im subjektiven Erlebnisbereich. Es würde aber keinem Therapeuten einfallen, im objektiven Wertbereich von Schuld freizusprechen oder Sünden zu vergeben. Die Überwindung der *realen* Störungsursache, also der Schuld, kann nur in der Transzendenz geschehen: im sakramentalen Akt wird dem Büßenden die Vergebung Gottes zugesprochen.

Kulturgeschichtlich stellt man eine *Verschiebung* der Schuldgefühle fest: die Psychiater sehen, daß an die Stelle der Versündigungsängste mehr und mehr die Angst des Leistungsversagens getreten ist; vermutlich im Gefolge der Säkularisierung in der Industriegesellschaft. Die Pastoraltheologen stehen vor einem epochalen Schwund der Bußpraxis, der viele Seelsorger zur Erklärung verleitet hat, das Sündenbewußtsein sei überhaupt abhanden gekommen. Begründeter erscheint folgende Überlegung: In der traditionsgelenkten („außengesteuerten" nach D. Riesman) Gesellschaft des Altertums empfanden unsere Ahnen als Sünde ein notorisches gemeindestörendes Verbrechen; ihr entsprach die öffentliche altrömische Bußpraxis. In der innengeleiteten Entfaltungsstufe, etwa seit der iroschottischen Mission, wurde Sünde mehr als das bewußt-freiwillige Handeln gegen die Gewissenseinsicht empfunden; ihr entsprach die private Absolution in der Ohrenbeichte. In der heutigen Gesellschaftsverfassung – man könnte sie du-gesteuert nennen – scheint der Sünder weder die öffentlich-rechtliche noch die persönlich-moralische Störung durch die Sünde deutlich wahr-zunehmen; aber er spürt, daß in seinem beruflichen, sozialen, familiären Leben etwas nicht stimmt. Er leidet mit größerer Sensibilität an diesen Kommunikationsstörungen bis zur Ausweglosigkeit der Grenzsituation. Das Schuldgefühl hat sich dann nicht aufgelöst, sondern in diese Ecke verlaufen.

Auf die *Kirchliche Seelsorge* kommen im Bußgeschehen

drei unterschiedene Aufgaben zu. *Kerygmatisch:* sie verkündet dem Bußwilligen das Urteil Gottes über gut und böse und ebenso die frohe Botschaft seiner Erlösung und hilft ihm so auf dem Bekehrungsweg. *Liturgisch:* sie vollzieht durch die sakramentale Lossprechung seine Wiederversöhnung. *Pastoral:* sie bietet ihm durch gezielte seelsorgliche Beratung (nach den soliden Methoden des therapeutischen Gesprächs) Hilfen für die Erneuerung des christlichen Lebens an. In der Entwicklung der abendländischen Bußsituation gingen allerdings der kerygmatische und pastorale Vollzug fast verloren; was übrigblieb, war das Sakrament, gefaßt in den sakral-juridischen Vorgang einer Privat-Liturgie; überdies ständig gefährdet durch ritualistische Erwartungen, als ob die personale Bekehrung, der wesentliche Inhalt des Sakraments, ersetzt werden könnte durch das liturgische Zeichen. Im neuen, noch in Erprobung befindlichen Ordo wurde das Verkündigungselement durch Einführung von Bußgottesdiensten wohl aufgewertet; die Ansätze für die pastorale Erneuerung, die weniger einen distanzierten Liturgen und Bußrichter, als vielmehr im Beratungsgespräch einen mitmenschlichen und wohlausgebildeten Seelsorger braucht, sind noch kümmerlich. Hier wartet auf die Praktische Theologie in Kooperation mit den Humanwissenschaften noch ein gutes Stück Arbeit.

e) *Tod.* Die sicherste Lebenserwartung ist der Tod. „Die Macht der stärksten Nicht-Utopie", wie E. Bloch ihn nennt, führt jeden Menschen irgendwann in seine Grenzsituation. Wenn ich den Tod auch nicht erwarten wollte – er erwartet mich. Sein Countdown hat schon bei meiner Geburt begonnen. Die vernünftige Forderung, sich im Leben an die Tatsachen zu halten, also den Tod einzukalkulieren, stürzt mich in tiefe Widersprüchlichkeit: ich *kann* ihn nicht annehmen, weil er meinem ganzen Selbsterhaltungsanspruch widerspricht, und – ich *muß* ihn annehmen. Alle Versuche, den Tod zu zer-denken (wie bei Epikur) scheitern. Dem Menschen bleibt höchstens die Flucht vor dem *Gedanken* an den

Tod durch Verdrängung; aber das rettet ihn nicht vor der Wirklichkeit. In der Tat überrascht, daß unsere Zeit mit Begeisterung alte Tabus zerbricht, sich aber dem Todestabu unentwegt unterwirft; auch mit der harten Konsequenz, daß man den Kranken intensiv behandelt, als Sterbenden aber, wo er vielleicht am meisten eine hilfreiche Hand bräuchte, abschiebt und auf dem Korridor verlöschen läßt.

Jos. A. M. Munnichs ist der Frage *empirisch* nachgegangen, wie sich der Mensch zum Tode einstellt, und hat bei über 70jährigen gezeigt, daß eine eindeutige Korrelation zwischen der Einstellung zum Tod und einer vorhergehenden Sinngebung des Lebens besteht[10]. Keiner der Probanden (in dieser Untersuchung) *mit* einer religiösen oder allgemein menschlichen Sinngebung des Lebens negierte oder floh den Tod und keiner *ohne* eine solche Sinngebung nahm den Tod an. Trotz aller existentiellen Schwierigkeiten steht fest: der Tod wird auch bewußt angenommen, und zwar nicht nur aus der sicheren Distanz bei einer Straßenbefragung oder in der Apathie oder dem Leidensdruck der letzten Stunden, sondern auch in der Freiheit echter Auseinandersetzung. Zur Korrektur verbreiteter Fehlmeinungen muß auch gesagt sein: 1. Daß beim erwarteten Sterben im Krankenhaus die Mehrzahl der Patienten bis in die letzten Stunden zeitlich und örtlich orientiert sind und ihr Sterben bewußt miterleben; nicht wenige sind bis 15 Minuten vor dem letzten Atemzug noch voll ansprechbar. 2. Je näher der Tod in der Agonie kommt, um so mehr weicht die Angst (ganz im Gegensatz zur projektiv verzerrten Meinung)[11].

Man wird also von sehr verschiedenen Grenzsituationen in der Auseinandersetzung mit dem Tod sprechen müssen, je nach der realen Nähe des eigenen Todes und dem Anlaß der Krise: der Verlust eines geliebten Menschen, der vielgestaltige soziale Tod, eine schwere Amputation, der Abschied vom aktiven Berufsleben, die Mitteilung der Unheilbarkeit, die Vorboten des letzten Abschieds... Der Tod stellt den Sinn aller Lebensgüter und des Lebens selbst in Frage, indem er sie wegnimmt; insofern gilt er nicht nur als tiefste, sondern auch als umfassende Ursache menschlicher Ausweglosigkeit, auf die jede Grenzsituation schließlich zurückgeht. Krisenauslöser ist meist ein „Mini-Tod".

In einer noch nicht erlebten, ausweglos scheinenden Notlage „regrediert" der Mensch, er fällt in frühkindliche Erlebnismuster und Verhaltensweisen zurück. Das gilt vor allem für die Hilflosigkeit des Sterbenmüssens, die Grenzsituation schlechthin. Jedes humane Ethos muß die Lage als einzigen Notschrei empfinden, wenigstens nicht allein gelassen zu werden. Der *Sterbebeistand* wird aktuell. Medizinisch gehört dazu eine nicht nur technisch, sondern auch menschlich gute Pflege und Schmerzdämpfung, seelsorglich das Angebot der sakramentalen Hilfen an den Gläubigen und besonders des personalen Beistandes für jeden Sterbenden (die neue Sprachregelung bezeichnet die helfende mitmenschliche Kommunikation als Sterbe*beistand,* vermeidet jedoch den früheren Ausdruck Sterbe*hilfe,* weil dieser zu sehr mit Euthanasie assoziiert wird).

Wer ist dafür *zuständig*? Es muß nicht unbedingt (wohl aber subsidiär) der Seelsorger sein; vielmehr haben wohl zwei Kriterien zu gelten: 1. Wen der Sterbende selber wünscht, da ja unbedingt eine Vertrauensbeziehung bestehen soll. 2. Wer es besser kann; es kann sich in der „ars moriendi" ja nie um eine Technik handeln, wohl aber um eine edle, anspruchsvolle Kunst. Sterbebeistand ist eine letzte Lebenshilfe und will als solche immer zu einem Mehr-Menschsein verhelfen. Hier heißt das, die letzte Chance der Selbstgestaltung zu ermöglichen, daß der Mensch nicht biologisch ver-endet, sondern sich auseinandersetzen, würdig Abschied nehmen und so seinen eigenen Tod menschlich setzen kann als seine letzte Tat.

Daraus folgt: das Problem der schmerzlichen *Wahrheit am Krankenbett* kann nicht ausgeklammert werden. Herzlos und unvernünftig wäre es, in dieser Frage abstrakte Prinzipien zu reiten; entweder „dem Patienten muß seine Lage unter allen Umständen verheimlicht werden". Dazu neigen viele aus einer medizinischen Humanität und entwürdigen die freie Persönlichkeit des Menschen, indem sie ihn belügen bis zum bitteren Ende. – Oder „man muß dem Sterbenden unter allen Umständen die volle Wahrheit sagen". Auch dieses Prinzip mancher Seelsorger ist unmenschlich, wenn es nicht berücksichtigt, was der Sterbende mit der „vollen Wahrheit" anfangen kann; dafür ist zuerst zu sorgen. Der menschlichen und christlichen Verantwortung entspricht wohl am besten die Richtschnur: der Sterbende hat als Gestalter seines Lebens ein Recht auf die Wahrheit, die *ihn* betrifft; diesem Recht entspricht die Pflicht zu einer einfühlenden Mitteilung durch den Geeignetsten. Solange mit der Mitteilung dem Sterbenden aber nur geschadet würde, ist man entpflichtet.

Das *Wie des Sterbebeistands* hat zur Norm: Was braucht der Sterbende? Oder noch besser: Wie braucht er mich? Es entscheidet nicht eine gescheite Theorie noch eine erlernbare Technik, sondern die Persönlichkeit des Begleiters. Vorausgesetzt ist eine relativ reife Einstellung zum eigenen Tod und eine hingebende Liebe, die Zeit hat und sich gut einfühlen kann. In einer längeren Agonie bleibt die gegebene Hand eine immer noch verstandene Mitteilung „ich bleibe bei dir" und repräsentiert dem Gläubigen die hilfreiche Nähe des Trösters. Immer aber braucht es die emotionale Kommunikation, in der der Sterbende verständlich machen kann, wie ihm ums Herz ist. Die goldene Brücke des Abschieds für den Christen bleibt das Gebet. Sei es auch nur als Melodie ohne Text, wenn die Sinnespforten schließen.

Was die Grenzsituation der Auseinandersetzung mit dem Tod dem Menschen abverlangt, ist eine *erstaunliche Leistung*. Wenn wir diesem Weg vom Beginn der letzten Krankheit an folgen, so hat der Mensch zunächst Widerstand zu leisten gegen das Übel der Krankheit, die Hoffnung auf Gesundung aufrecht zu halten und alles zu tun, um zu diesem Ziel zu kommen. Hier hilft eine gesunde Natur dem „aktiven Patienten", das Ja zum Leben unentwegt zu behaupten. Aber es kommt der kritische Punkt, wo sich die biologische Wirklichkeit gegen den Heilungswillen wendet. Der Mensch ahnt es zunächst dumpf und trotz aller Abwehr wird es ihm schließlich bewußt: ich bin aufgegeben. Der Protest gegen den Tod ist sinnlos geworden, die letale Wirklichkeit erweist sich als stärker.

Es folgen die von E. Kübler-Ross beschriebenen fünf Einstellungsphasen der Grenzsituation: das Nicht-wahr-haben-Wollen, die zornige Abwehr, die hilflosen Verhandlungsversuche, die Resignation und schließlich die Zustimmung. Aber da handelt es sich wahrhaftig nicht um eine naturgesetzliche Abfolge, sondern um einen Sieg des menschlichen Geistes, wenn dieses menschliche Ziel erreicht wird. Dem Naturgesetz nach verfallen die dem Bewußtsein unerträglichen Inhalte der Verdrängung, die eine Auseinandersetzung erspart; eine „gnädige" Lethargie, in der Reduktion des Menschen auf das Biologische, von den Thanatokraten bemüht unterstützt, schwindelt den Menschen aus dem Dasein hinaus. Wenn aber der Geist sich der Grenze stellt, so weicht der Mensch nicht einfach der Übermacht des Todes, sondern leistet eine bewundernswerte Kehrtwendung: wo er zuerst sein Nein gegen Krankheit und Tod aufgerichtet hatte, nimmt er jetzt Abschied von allen horizontalen Lebenserwartungen und sagt ja zum Tod. Wer öfter bei Sterbenden war, weiß, daß dieser Weg in menschliche Größe nicht so selten zu Ende gegangen und der Tod nicht nur hingenommen, sondern bewußt als Aufgabe übernommen wird. Zwei Tage vor ihrem Heimgang verriet mir eine Frau mit äußerst schmerzlichem Knochenkrebs, sie freue sich über Besuche, aber es sei ihr eine Sorge, wie sie die Leute ihre Schmerzen nicht merken lasse. Schon in der beginnenden Agonie flüsterte mir ein anderer ganz gelöst zu: „Jetzt gehe ich heim."

Dergestalt die Grenzsituation zu bestehen und einen menschlichen Tod zu sterben, gelingt nur aus einem überzeugenden Sinnzusammenhang heraus und braucht sehr starke Motive. Um welche Motive kann es sich handeln (wenn wir vorläufig in der Horizontalen bleiben)? Zunächst: Die Krankheit und jedes Leid kann es dem Menschen ermöglichen, in einer Weise zu reifen und edler zu werden, wie es ohne die Prüfung nicht möglich wäre. Oder: „Ich habe meine Pflicht getan, ich kann abtreten". Oder: „In die Spanne meines Lebens habe ich an Lebensgenuß das Mögliche hineingepackt und mir nichts entgehen lassen". Oder: „Da es das sinnlose, aber eherne Gesetz einmal verlangt zu sterben, weiche ich heldenhaft nur der höheren Gewalt"...

Diese unterschiedlichen Motive haben einen entscheidenden Mangel gemeinsam: sie schauen zurück und lassen das Kommende im Dunkel; wo aber kein erstrebenswertes Ziel mehr sichtbar wird, verfällt die Kraft der Motive. C. G. Jung bemerkt dazu: „Ich bin als Arzt überzeugt, daß es sozusagen hygienischer ist, im Tod ein Ziel zu erblicken, nach dem gestrebt werden sollte, und daß das Sträuben dagegen etwas Ungesundes und Abnormes ist, denn es beraubt die zweite Lebenshälfte ihres Zieles. Ich finde deshalb alle Religionen mit einem überweltlichen Ziel äußerst vernünftig vom Standpunkt der Hygiene aus gesehen ..., daher ich etwa einem älteren Patienten sagen muß: ihr Gottesbild oder ihre Unsterblichkeitsidee ist atrophisch, infolgedessen ist ihr seelischer Stoffwechsel außer Rand und Band"[12]).

Daß die meisten Religionen mit ihrer Überzeugung von einem Fortleben nach dem Tod ein ungleich stärkeres Motiv zur Bewältigung der Todesangst bieten, stimmt ohne Zweifel. Aber der wissenschaftsgläubige und ideologiekritische Sinn wird sofort – und mit Recht – sagen: Kann ich getrost sterben, weil ich an Gott glaube – oder soll ich an Gott glauben, nur damit ich getrost sterben kann? Was nützt mir die tröstlichste Illusion, wenn sie eben – Illusion ist?

Theologisch ist zwischen Glaube und Religion zu unterscheiden. *Religion* geht vom Menschen aus, von seinem Heilsbedürfnis und seiner Erlösungssehnsucht. Der Mensch entfaltet schließlich eine Idee Gottes, der sein hinfälliges Dasein entgrenzt – gerade in der Grenzsituation – und seine transzendenten Sehnsüchte erfüllt. Aber hier fließen Wunsch und Wirklichkeit ineinander. Anders im *Glauben.* Er geht vom personalen Gott aus, der sich dem Menschen mitgeteilt hat in seiner Offenbarung. Im Akt des Glaubens antwortet der Mensch auf das Wort Gottes, der die Wahrheit ist.

Die menschliche Erkenntnis sagt uns, daß nicht alles Leiden in der Welt sinnlos ist. Aber es besteht ein furchtbares Zuviel des Leids, für das es keine sinnvolle Erklärung gibt, weil man es nicht objektivieren kann; das stellt kein wissenschaftliches Problem mehr dar, sondern ein Geheimnis. In diesem Sinn gibt es auch keine Theodizee, weil wir kein Recht haben, Gott zu rechtfertigen. Die Antwort des Glaubens liegt daher nicht auf der Ebene einer rationalen *Erklärung*, einer Problemlösung, sondern auf der transzendenten Ebene der *Erlösung*. Das Scheitern an der Grenze jeden Sinnes kann nicht erspart werden, aber eben in diesem Scheitern kann der Mensch der neuen Möglichkeit zur Überwindung des Leids von Gott her innewerden und sie verwirklichen im Glauben.

Die christliche Offenbarung bringt keine Spekulation über die Frage des Leids, aber sie gibt ausreichende und klare Auskunft zu seiner Überwindung:

Jesus bricht mit dem Gedanken, das Leiden des Menschen hänge notwendig mit seiner persönlichen Sünde zusammen. Jo 9, 3 erklärt Jesus auf die Frage, warum den Blindgeborenen das Schicksal getroffen habe: „Weder dieser noch seine Eltern haben sich versündigt, sondern die Werke Gottes sollen an ihm offenbar werden." Jesus wendet also die kausale Frage in eine finale Antwort – und heilt den Blinden. Die Urfrage nach dem Sinn des Leidens wird vielfach eingeengt auf die Suche nach dem Schuldigen: *Woher kommt Leid?* Wir sollten uns belehren lassen zu fragen: *Wohin kann Leid führen?* Die Auferstehung Christi und die von Christus zugesagte Auferstehung der Toten ist eine Korrektur, ein Sieg über die Sinnlosigkeit des Leidens und des Sterbens. Die Glaubenstatsache, daß der Weg zu dieser endgültigen Überwindung eben durch Leid und Tod geht, ist geeignet, zum durchschlagenden Motiv zu werden, den Weg zu beschreiten; der Auferstandene sagt zu den verwirrten Emmausjüngern: „Mußte der Menschensohn nicht das leiden und so in seine Herrlichkeit eingehen?"

Nach der Auskunft der Bibel stehen Gott und Leiden einander feindlich gegenüber. Wo Gott erscheint, müssen die Übel weichen. Daher die Zeichen des Anbruchs des messianischen Reiches: „Blinde sehen, Lahme gehen, Aussätzige werden rein..." (Mt 11,5; Js 35, 5; 61, 1). In der Vollendung des Gottesreiches gibt es kein Leid mehr: „Gott wird abtrocknen jede Träne von ihren Augen. Der Tod wird nicht mehr sein; weder Trauer noch Klage... Denn das Frühere ist vorbei" (Apk 21, 4). Gott will ja das Heil aller Menschen (1 Tim 2, 4), das heißt in der biblischen Sprache: im umfassenden Sinn. Das Kommen des Reiches Gottes geschieht nicht mit Gewalt, sondern durch Einsicht und Liebe. Der Einsatz für diese Wende bringt Leiden mit sich, aber sie sind sinnvoll als die Geburtswehen einer neuen Welt (Jo 16, 21; Rom 8, 22). In der mühevollen Befreiung der Welt vom Übel besteht der große Auftrag Christi und das Kriterium seiner Nachfolge (Mt 25, 31-46)[13]).

Hier findet sich kein Platz für masochistische Leidensseligkeit. Der Kampf gegen Krankheit und Leid erweist sich nicht nur als humane Verpflichtung, sondern ebenso aus dem Glauben verbindlich. Als Christ kann man in Leid und Tod nie etwas In-sich-Sinnvolles oder ein letztgemeintes Ziel erblicken. Aber man findet aus der gläubigen Hoffnung die Kraft, ja zum Leid zu sagen als *Weg* zu seiner Überwindung. Die Aufforderung Christi, „wer mein Jünger sein will, nehme sein Kreuz auf sich und folge mir nach", steht nicht in logischem Widerspruch zum Kampf gegen das Leid, sondern in der dialektischen Konsequenz; denn nur so kann Leid überwunden werden. Wir sind aufgefordert, Christus in die Auferstehung und Heimkehr zum Vater zu folgen. „So will ich Christus erkennen und die Kraft seiner Auferstehung und die Gemeinschaft seiner Leiden, und mit ihm möchte ich im Tode ähnlich werden, um so zur Auferstehung von den Toten zu gelangen", realisiert Paulus die Aufforderung (Phil 3, 10).

Hier ergibt sich auch eine Antwort auf die zweite – personale – Sinnfrage des Leidens, „warum trifft es gerade mich?". Aus dem Glauben heraus verstehe ich das Warum nicht sosehr als „aus welchem Grund"? (Es gibt keinen vorhandenen Grund. Und wenn ich ihn hätte, was änderte das?), als vielmehr als ein „wozu?". Ich vermag einen Appell Christi zu vernehmen, der mich in seine Nachfolge zum neuen Leben ruft. So mag es schließlich einsichtig werden, warum der junge Mann (in der Eingangsgeschichte nach O. Wilde) am Karfreitagabend weint, weil er nicht der Ehre teilhaft wurde, seinem Meister an das Kreuz zu folgen.

Anmerkungen

[1]) Vgl. O. Wilde, Erzählungen und Märchen (Th. Knaur Nachf.), Berlin o. J., 307.

[2]) A. Portmann, Biologie und Geist (Herder-Tb 137), Freiburg 1963, 244.

[3]) W. de Boer, Das Problem des Menschen und die Kultur, Bonn 1958, 46.

[4]) S. Freud, Ges. Werke, Bd. I, 285; Bd. XIV, 293.

[5]) Vgl. E. Herdieckerhoff, s. v. „Seelsorge", in: Religion und Theologie, Taschenlexikon, hrsg. v. E. Fahlbusch, Bd. 4, Göttingen 1971, 33.

[6]) Vgl. E. Thurneysen, Die Lehre von der Seelsorge, Zollikon-Zürich 1957², 114.

[7]) A. D. Müller, Grundriß der Praktischen Theologie, Gütersloh 1950, 114.

[8]) Vgl. D. Stollberg, Mein Auftrag – Deine Freiheit, München 1972, 31 und 33.

[9]) Vgl. J. Mayer-Scheu u. R. Kautzky (Hrsg.), Vom Behandeln zum Heilen. Die vergessene Dimension im Krankenhaus, Wien - Göttingen 1980, bes. 157 ff., 97 ff.

[10]) In: H. Thomae u. U. Lehr (Hrsg.). Altern. Probleme und Tatsachen, Stuttgart 1968, 579–611.

[11]) Vgl. L. Witzel, Das Verhalten von sterbenden Patienten, in: Medizinische Klinik, 1971, 577 ff.

[12]) C. G. Jung, Ges. Werke, Bd. VIII,458 f.

[13]) Vgl. E. Schillebeeckx, Christus und die Christen, Freiburg - Basel - Wien 1977, 709–712. Vgl. auch „Die Menschheit auf der Suche nach einer Praxis zur Überwindung des Leidens", ebd. 651–704.